2016年度土地整治科技成果选编

国土资源部土地整治中心 编著

地质出版社
·北 京·

图书在版编目（CIP）数据

2016年度土地整治科技成果选编／国土资源部土地整治中心编著．—北京：地质出版社，2017.10
ISBN 978-7-116-10627-7

Ⅰ．①2… Ⅱ．①国… Ⅲ．①土地整理－科技成果－汇编－中国－2016 Ⅳ．①F321.1

中国版本图书馆CIP数据核字(2017)第260655号

责任编辑：赵 芳
责任校对：张 冬
出版发行：地质出版社
社址邮编：北京海淀区学院路31号，100083
电　　话：(010) 66554649（邮购部）；(010) 66554613（编辑部）
网　　址：http://www.gph.com.cn
传　　真：(010) 66554607
印　　刷：北京地大彩印有限公司
开　　本：889mm×1194mm 1/16
印　　张：3.5
字　　数：60千字
版　　次：2017年10月北京第1版
印　　次：2017年10月北京第1次印刷
定　　价：48.00元
书　　号：ISBN 978-7-116-10627-7

《2016年度土地整治科技成果选编》

编委会

前言

党的十八大明确提出“科技创新是提高社会生产力和综合国力的战略支撑，必须摆在国家发展全局的核心位置”，强调要坚持走中国特色自主创新道路，实施创新驱动发展战略。

国土资源部党组高度重视土地科技创新工作，把科技创新作为引领和保障国土资源事业可持续发展的大事来抓，大力推进 “三深一土”国土资源科技创新战略实施。2016 年 9 月 5 日，国土资源部组织召开全国国土资源系统科技创新大会，姜大明部长在会上指出，要紧盯世界科技前沿，面向国家重大需求，以土地工程技术为重点，着力研发耕地质量提升、退化土地治理、荒废土地利用、土地生态修复等技术，强化土地整治的工程化、生态化技术应用；要加强山水田林湖生命共同体和生产、生活、生态空间优化基础理论研究，全面发展土地调查评价、建设工程节地、土地立体开发等技术，力争用十年左右时间改变我国土地领域目前的跟踪模仿的状况，进入世界第一方阵。

2016 年，国土资源部土地整治中心紧紧围绕党中央、国务院和国土资源部党组的决策部署，大力推进土地科技创新，促进土地整治提档升级，实现了“十三五”土地整治事业发展良好开局，在节地节水生态型土地整治规划设计技术与应用、土地生态景观功能空间识别与建设提升等方面取得了一批重要研究成果，形成了 1 项国家标准和 6 项行业标准；获得国土资源科学技术奖一等奖 1 项、二等奖 4 项，中国地理信息科技进步奖二等奖 1 项，1 人享受国务院政府特殊津贴。

国土资源部土地整治中心建立了年度重大科技成果管理制度，每年遴选十大科技成果对外发布，组织编写了《2016 年度土地整治科技成果选编》，以促进科技成果转化与推广应用，并希望通过对这些科技成果的介绍，推动土地整治科技工作者相互学习和借鉴，为土地整治科技工作者站在更新、更高的起点上开展技术创新工作提供支撑，加强土地工程技术供给能力，不断满足土地整治提档升级对技术创新的需求。

编著者

2017 年 9 月 12 日

目 录

盐碱地暗管改碱与生态修复技术开发与应用

一、成果概况

主要完成人：鞠正山、罗明、赵华平、卜凡敏、刘金铜、张金龙、施振斌、窦森、王晓光、胡小安、刘新艳、刘树明、徐翠兰、张清、陈坤

项目来源及编号：国家“十一五”科技支撑计划项目“盐碱地暗管改碱与生态修复技术开发与示范”（2009BAC55B00）

项目起止时间：2010 年 1 月—2012 年 12 月

知识产权支持及获奖情况：获得发明专利 11 项，其他知识产权 14 项；获 2016 年度国土资源科技进步奖一等奖

二、主要成果

通过项目研制出我国第一套具有自主知识产权的大型开沟铺管装备，打破了国外垄断，填补了国内空白，部分技术达到国际先进水平。研发了 5 套暗管改碱关键与配套技术，申请了 25 项技术专利，颁布了《暗管改良盐碱地技术规程》等 10 项行业、地方和企业标准。为工程化改造盐碱地资源建立了一套国产化装备、技术与标准体系，使我国利用现代技术手段，工程化治理盐碱地获得技术突破，大大缩小了同国际间的技术差距。

三、创新要点

从装备、技术与标准三方面，对工程化改造盐碱地资源、促进暗管改碱技术产业化发展具有重要意义。建立了一套国产化的装备、技术与标准体系，使我国利用现代技术手段，工程化治理盐碱地获得技术突破。

1. 装备创新

研制出了我国第一套具有自主知识产权、以大型开沟铺管机为核心的暗管改碱成套装备（图1），具体包括250千瓦暗管改碱开沟埋管机、滤料拖车、埋沟机及刀片、链条等耗损部件，填补了国内空白，打破了国外技术垄断，使该产品的市场价格由500万元以上降到了300万元以下，并有效降低了设备的后期运营与维护成本。装备研制过程中，首创了基于GPS和激光技术的高程协同控制技术，拓展了施工环境条件，延长了控制距离，同时有效提高了高程控制质量（原始创新）；突破了基于神经网络与遗传算法的作业功率自适应控制技术难题，提升了开沟铺管机作业功率的整机效能，保障了机具的可靠性和经济性；研发了基于GPS的开沟行走自动导航技术，实现了无人驾驶百米偏航误差在20厘米以内的高精度要求，提高了装备的自动化水平及施工作业质量和工作效率；研发了基于机、电、液一体化控制的集成技术。其中，基于GPS和激光技术的高程协同控制技术和基于神经网络与遗传算法的作业功率自适应控制技术达到国际先进水平。

图1　以开沟铺管机为核心的暗管改碱成套装备

2. 工程技术创新

项目针对不同区域水盐条件和改良利用目标，研发了6套暗管改碱关键及配套技术，这些技术均在实践中得到了具体应用，并获得了20项专利授权，成为支撑不同区域暗管改碱技术推广应用的关键技术。主要包括：首创了基于多级暗管盐碱地灌排模式转换技术，节水、节地和排盐效果显著；创新了天津滨海新区城市生态绿化暗管改碱关键及配套技术；创新了河北滨海雨养条件下暗管改碱生态修复关键技术；创新了吉林苏打盐碱地暗管改碱关键与配套技术；创新了江苏淤积型滨海滩涂暗管改碱关键与配套技术；创新了新疆内陆干旱区暗管改碱关键及配套技术。

3. 技术标准与技术管理创新

编制完成了《暗管改良盐碱地技术规程》（TD/T 1043.1/2—2013）等行业标准 2 项、《滨海盐碱区暗管改碱排水技术规程》（DB13/T 1692—2012）地方标准 1 项及相关企业标准 8 项，开发了暗管改碱管理信息系统 1 个。基本建立了以暗管改碱技术为核心的标准体系，为产业化推广应用提供了技术依据和标准保障。

四、成果应用

（1）项目研发的暗管改碱开沟埋管机，在实验样机的基础上已成功启动了第二代产品的生产，并签约推广 5 台，市场价值 980 万元，成功进入了成果转化与小批量生产阶段。

（2）在农用地领域，山东、河北、江苏、天津、吉林、甘肃 6 个省（直辖市）和新疆生产建设兵团的推广应用面积达到了 16.7 万亩。

（3）在城市绿化领域，由天津泰达绿化集团有限公司研发的天津滨海新区生态绿化暗管改碱技术，在天津滨海新区推广应用约 110 万平方米，进入产业化应用阶段，已成为天津滨海新区市政生态绿化基础设施建设的一部分。

（4）依托项目研发的暗管改碱装备与相关技术，在山东农业高新技术产业示范区，山东中天水土资源生态开发建设有限公司建立了暗管改碱装备与技术的成果转化基地，进入暗管改碱技术转化与产业化发展阶段，应用前景广阔。

五、主要效益

有效提升了耕地质量，促进了土地节约集约利用，保障了粮食安全。暗管改碱技术实现节地 10%、节水 20%，三年内实现由低产田提升到中高产田，技术推广应用以来，已新增耕地 5 万余亩，增产效果达到了 40%~50%，有效提高了农民收入，近三年全国应用新增利润超过 12 亿元。该技术在新疆地区的推广应用，对缓解盐分胁迫、服务和保障民生方面成效显著，做出了重要的科技贡献。

土地生态景观功能空间识别与建设提升

一、成果概况

主要完成人： 范金梅、宇振荣、汤怀志、刘云慧、梁梦茵、刘文平、宇林军、刘新卫、郧文聚、肖禾

项目来源及编号： 2013年国土资源部部门预算项目“土地整治实施监管与绩效考评”

项目起止时间： 2013年1月—2013年12月

知识产权支持及获奖情况： 2016年度国土资源科学技术奖二等奖

二、主要成果

项目形成了研究报告1篇、省市县规划文本和说明3套、项目规划设计3个、工程技术示范案例3个、《中国土地科学》特刊1本、务实图册1本，发表SCI和EI论文20余篇、国内核心期刊论文50余篇、报刊解读文章6篇，培养博士生5人、硕士生6人。项目从土地整治规划、项目规划设计、工程技术三个尺度，全面扩展了土地整治的概念和内涵，丰富了土地整治的主要任务，2012年项目成果被《全国土地整治规划（2011—2015年）》采纳应用，在顶层设计中对土地整治落实生态文明战略做出了基本部署；为省、市、县落实生态文明建设提供了科技支撑；开展了土地整治生态景观建设的工程技术应用示范，为项目提供了具体案例。主要内容与创新成果包括三方面。

1. 研制了基于生态系统服务供给和需求的土地生态景观功能空间识别技术方法体系

以生态系统服务和绿色基础设施理论方法为指导，运用生态景观建设需求的参与式调查评价方法，探索构建了适宜中国本土化需要的土地生态景观分类体系，发展并融合了小尺度土地生态景观特征评价技术，形成区域适宜的土地生态景观功能空间识别技术体系。

2. 研发了基于土地整治的多尺度土地生态景观提升技术

首倡构建一个更具弹性的“山水林田湖”智慧型土地生态景观综合体，提出基于系统观和生

命观理念的景观综合体构建技术方法、土地生态景观化工程技术体系、综合景观管理技术方法，形成了相关技术规范和指南，为各级土地规划编制、土地生态建设工程中开展土地生态景观提升提供了技术支撑（图 1）。

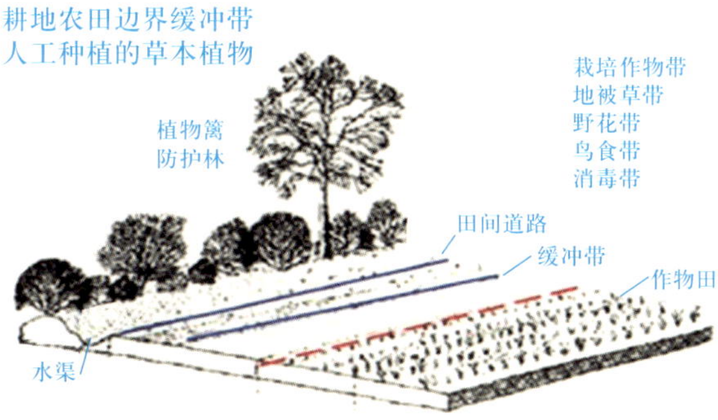

水库和沟溪植被缓冲带

类型	植物和搭配组合	种植模式
坡地等高缓冲带	马尾松，黑松，油松＋荆条，野蒿，小叶杨＋紫穗槐，荆条＋高羊茅	单独播种或乔灌花草几种混合种植，或在乔木下补种灌草
水体周边缓冲带	毛白杨，垂柳＋迎春，芦苇＋香蒲，紫穗槐，胡枝子，迎春＋荆条	
防护缓冲带	圆柏，油松＋紫穗槐，柠条，铺地柏，杨树，刺槐＋紫穗槐，酸枣，野草	

果园蜜源生草覆盖

类型	植物和搭配组合	种植方式
促氮型	花生或紫花苜蓿	全园生草
益虫型	丹参或三叶草	行间生草
景观型	油菜或黑麦草	行间生草

田间道路四季植被带

类型	植物和搭配组合	种植模式
四季变化蜜源植物带	旱柳＋小叶女贞，紫薇，波斯菊，法桐，白蜡＋圆柏，侧柏＋万寿菊	单独播种或乔灌花草几种混合种植，或在乔木下补种灌草
	雪松，侧柏＋紫叶李，木槿＋万寿菊 侧柏，丁香，山桃＋红端木，萱草	
	杨树，洋槐＋紫穗槐＋萱草，波斯菊 旱柳，山桃，樱花＋野花组合	

田埂和农田边界野花组合植物篱

类型	植物和搭配组合	种植模式
景观野花组合	连翘，迎春＋波斯菊，百日草，蜀葵，二月兰，万寿菊，孔雀草，萱草	单独播种或几种混合撒播
乡土野花组合	荆条，花椒＋蒲公英，桔梗，远志，旋覆花，石竹，野菊	单独播种或几种混合种植

林地野花地被

类型	植物和搭配组合	种植模式
生物多样型	荆条，酸枣，金银花＋乡土花草组合，野菊，商路，刺儿菜	林下灌草复混种或者单独种植灌木或花草
水土保持型	柠条，紫穗槐＋麦冬等禾草地被	
景观优化型	连翘，迎春，小花溲疏，锦带花，扶芳藤	

农田边界蜜源植物带

类型	植物和搭配组合	种植模式
蜜源植物带	荆条，紫穗槐，酸枣＋丹参，薄荷，芝麻，野菊花，夏至草等自生野花	单独播种或灌花草几种混合种植
	锦鸡儿，棣棠，胡枝子＋向日葵，桔梗，荆芥，百日草，马鞭草，野菊	
	薄荷，芝麻，向日葵，艾蒿	

庭院型

类型	植物和搭配组合	种植模式
花园型	香椿＋紫薇，石榴，木槿，栀子，桂花，蔷薇＋菊花，大丽花，兰草 石榴，木槿，月季＋鸡冠花，万寿菊，大丽花	乔灌草，灌草结构
园林式	泡桐，海棠，柿树＋紫薇，木槿，石榴，早园竹，迎春，桂花＋菊花，万寿菊，萱草，一串红 泡桐，柿树＋木槿，石榴＋菊花，萱草	乔灌草近自然群落组合模式

图 1 “山水林田湖”智慧型土地生态景观综合体

3. 开展了各级多类型土地生态景观设计和示范实践

开展了土地整治绿色基础设施网络规划示范、土地整治项目生态景观建设设计示范和土地整治生态景观建设工程技术试验示范等示范实践。

三、创新要点

1. 研制了基于生态系统服务供给和需求的土地生态景观功能空间识别技术方法体系

基于生态系统服务和绿色基础设施理论方法，提出了本土化生态组成要素的土地生态景观分类体系；基于景观生态学中斑块—廊道—基质及景观镶嵌体的原理与方法，创新性地建立了小尺度农田景观特征分类方法，研发了农田景观生态和美学主客观评价指标与方法，提出了土地生态景观特征评价指标体系；通过参与式方法在乡村生态景观建设中的应用研究，发展了参与式 GIS 工具，建立了景观三维显示系统；构建了从单项生态服务功能到多项生态景观服务数量和重要性的定量化空间分析与整合方法，建立了区域适宜的土地生态景观空间组成单元识别技术途径。

2. 研发了基于土地整治的多尺度土地生态景观提升技术

研发了区域景观综合体构建技术。在多项土地整治生态景观建设规划实践研究基础上，从景观特征提升、生态网络建设、水土安全和游憩网络构建等关键环节明确了可供推广的规划技术流程，编制提出了《土地整治规划专题生态景观建设内容和规划方法导则》。构建了土地生态景观化工程技术体系，提出建立富含生物的工程系统原理，总结提出了系列生态景观建设模式和工程技术体系。通过不同类型缓冲带试验示范和定量化监测研究，在国内率先集成提出恢复授粉、天敌保护、害虫控制和氮磷流失控制等多功能缓冲带建设类型、模式、植被配置和调节技术，发展了多功能缓冲带建设的技术体系。创新性地提出了以提高农田半自然生境比例和景观连接度、增加景观异质性、构建复杂景观镶嵌体等为要点，促进生物多样性保护利用、生态服务提升的土地整治生态景观建设原理和技术，解决了土地整治重视土地单元（生产性土地）尺度而弱化景观综合体功能的问题。

3. 开展了各级多类型土地生态景观设计和示范实践

针对北京市海淀区土地整治规划、扬州市土地整治规划进行了土地整治绿色基础设施网络规划示范。基于土地整治项目生态景观规划设计导则，开展了北京市上庄村、长沙市乔口镇以面源污染控制为目标的农业基础设施建设项目和北京市房山区景观生态田规划设计。进行了土地整治生态景观建设工程技术试验示范，开展了不同尺度农田景观生物多样性保护及害虫防治功能、传粉功能提升缓冲带建设，以及生态缓冲带建设技术示范与推广。

四、成果应用

1. 全国尺度

研究成果应用于《全国土地整治规划（2011—2015年）》，使得规划内容重点突出并有所创新。

与《全国土地开发整理规划（2001—2010年）》比较，提出基于土地的生态景观多功能性、生物多样性和特色景观保护的新内容，推广生态型土地整治，体现了现代土地整治促进生态环境提升的理念，在落实生态文明方面做出了基本部署。

2. 省市县规划

应用于北京市海淀区、江苏省扬州市等地方规划编制研究中，将绿色基础设施、生态修复、生态网络、景观生态学、生态景观建设等理论和土地生态景观特征评价技术、生态景观功能空间识别技术等应用到专题规划中，起到了先行示范作用；提出的北京景观生态田建议被北京市政府采纳。通过对省级、市级、县级分别随机抽取的10个土地整治规划文本统计分析结果表明，有76.67%的规划对调查所列9类生态景观建设内容有所考虑，其中有69.08%的规划对各类建设内容做出了文字描述，大部分规划对生态景观建设表现出较高的重视程度。

3. 土地整治项目方面

将土地生态景观化工程技术方法、综合景观管理技术方法等应用于河北省曲周县王庄村、湖南省长沙市乔口镇、北京市海淀区上庄村等土地整治项目规划设计和北京市顺义区都市型现代农业示范区建设，积极推进以生物多样性保护、生态景观休闲旅游、现代农业发展、美丽乡村建设、面源污染控制等为目标的建设，进行了项目实践，取得了良好效果。

4. 科普推广

编制了科普性的技术图册，开展了多次技术培训授课，提高了当地政府管理人员及技术人员的生态景观意识。

五、主要效益

（1）在落实生态文明战略方面，发挥了先行示范作用，广泛宣传了土地整治生态景观建设理论和方法，关于土地整治与生态景观建设结合的报告和文献数量增加了3.5倍；绿色基础设施、生态网络、生物多样性、生态服务功能等理论和方法在市、县土地整治规划中得到了广泛应用。

（2）全国土地整治规划在生态环境提升方面有所创新。在全国土地整治规划中，提出推广生态型土地整治，促进生物多样性保护，开展全域土地整治，推进“差别化”土地整治，提升土地的多功能性，加强特色景观保护等新内容和方法，推动了土地整治由数量型向“质量型、生态型”方向转变。

（3）市、县土地整治示范规划有效宣传了生态文明建设理念。在党的十八大提出生态文明建设战略后，部分市、县率先将绿色基础设施、生态景观建设等理论和方法应用到专题规划中，起到了先行示范作用。

（4）开展了一批生态环境提升项目示范实践。通过自主研发，开展了以生物多样性保护、生态休闲旅游、现代生态农业发展、美丽社区建设等为目标的土地整治项目示范实践，取得了良好的示范效应，拓宽了土地整治内容、方法和技术的范畴。

（5）为落实“山水林田湖生命共同体”统一管护奠定了理论、方法和技术基础。

土地整治项目设计关键技术研究与应用

一、成果概况

主要完成人：范树印、陈原、田玉福、张中帆、赵庆利、李少帅、吕婧、李晨、李红举、贾文涛

项目来源及编号：2013—2015 年国土资源部部门预算项目“土地整治实施监管与绩效考评”

项目起止时间：2013 年 1 月—2015 年 12 月

知识产权支持及获奖情况：获软件著作权 2 项，出版专著 3 部，发表论文 20 篇，形成行业标准 5 项、国家标准 1 项，国务院批复的规划 1 项，部级技术文件 1 项；获 2016 年度国土资源科学技术奖二等奖

二、主要成果

1. 构建了土地整治项目设计工作体系

基于项目全生命周期理论分析与研究，明确了设计工作流程，将设计细化为基础调查、可行性分析、工程设计、工程制图、工程量计算等环节，提出了各环节的设计内容和方法。

2. 形成了不同设计环节相应成果的规范化要求

（1）基于对不同设计环节的技术指标和范式的研究与分析，构建了三级工程设计指标体系，明确了综合指标和单项指标，统一了设计标准。

（2）根据设计关键环节，明确了成果要求，提出了相应的技术范式。

（3）根据各工程类型，提出了结构形式、规格、尺寸和材料及其计算公式、参数等。

3. 提出了各设计环节信息化报备要求

基于不同设计环节相应成果的规范化研究与分析，结合项目管理要求，提出了各设计环节信息化报备要求，为土地整治项目实施监管和绩效考评等工作提供了依据。

项目研究成果包括：3 本专著，分别为《土地整治项目设计实务》（2016 年，中国大地出

版社）、《3S技术在土地整治中的应用》（2014年，中国大地出版社）、《土地整治遥感监测技术方法与实践》（2016年，中国大地出版社）；5项行业标准和1项行业标准报批稿，分别为《土地整治项目规划设计规范》（TD/T 1012—2016）、《土地整治项目设计报告编制规程》（TD/T 1038—2013）、《土地整治项目工程量计算规则》（TD/T 1039—2013）等。应用部分项目研究成果的还有：1项国务院批复的规划《全国高标准农田建设总体规划》；1项国家标准《高标准农田建设通则》（GB/T 30600—2014）；4项行业标准，包括《高标准基本农田建设标准》（TD/T 1033—2012）、《土地整治工程质量检验与评定规程》（TD/T 1041—2013）等；1项部级技术文件《土地开发整理项目预算定额标准》（财政部、国土资源部联合印发）；1项软件著作权《土地整治工程实地调查系统》（软著登字第1251415号）；20篇学术论文，包括《土地开发整理项目设计报告编制规程探讨》、《中国土地整理工程体系的构建》等；1本总报告《土地整治项目设计关键技术研究报告》；5本专题研究报告，包括《土地整治工程关键指标设计技术专题研究报告》、《土地整治项目设计报告编制研究报告》等。

三、创新要点

1. 构建了土地整治项目设计基础调查技术方法体系并研发了相应软件

（1）构建了基础调查技术方法体系。基础调查是土地整治项目设计阶段的重要组成部分，是确保技术成果科学性、合理性和有效性的重要基础。本项目在提出基础调查内容的基础上，经综合分析，提出了各项内容的调查程序和调查方法，研究制定了调查成果编制标准，进而构建了土地整治项目基础调查技术方法体系。

（2）研发了基于“3S”技术开展基础调查的软件系统。研发了基于安卓移动终端、集成GIS和GPS技术的土地整治工程调查系统，解决了传统基础调查工作中面临的定位难、测量难和记录难的问题，使基础调查工作更具针对性，提高了调查工作效率和精度。

2. 提出了土地整治项目设计方法体系

（1）构建了土地整治项目设计工程体系。在解析土地整治项目建设的主体内容、影响要素与基本属性的基础上，融合多领域、多学科的相关范畴，提出了土地平整、灌溉与排水、田间道路、农田防护与生态环境建设、农田输配电等建设工程体系，并对每种工程类型的内涵和特点进行了界定，构建了土地整治项目设计三级工程体系。

（2）提出了土地整治项目工程设计方法。基于实践发展的需要，按照一般性和主导性相结合的原则，在系统总结分析国内外相关行业项目设计经验的基础上，突出行业特点，提出了土地整治项目设计内容，制订了《土地整治项目规划设计规范》（TD/ T 1012—2016）。

（3）提出了土地整治项目工程量计算规则。在设计工程体系的基础上，构建了分部工程项目划分体系，统筹考虑不同类型土地整治项目，根据工程组合特征，按照工程类似、统一协调的原则，制订了《土地整治项目工程量计算规则》（TD/T 1039—2013）。

（4）提出了利用“3S”技术辅助开展项目设计的技术方法。提出了利用低空遥感技术构建项目区三维实景模型，解决了传统二维设计效果不直观、指标计算枯燥、空间关系不明朗等问题，能多角度、全方位、不留死角地反映地表真实情况，编写出版了专著《3S技术在土地整治中的应用》。

3. 构建了土地整治项目设计标准体系

（1）提出了土地整治项目设计综合性标准和单项标准。综合性标准主要是对项目设计目标和任务进行规定，体现按照项目设计建设后的质量控制要求。工程设计单项标准主要是对土地平整、灌溉与排水、田间道路、农田防护与生态环境保持工程等质量、安全、规格、结构、特征等分别进行详细规定。

（2）提出了土地整治项目设计关键技术指标体系。项目设计是依据项目工程平面布局和工程建设要求，结合土地整治区现场实际情况，完整地表现各项工程的外形、内部空间分割、结构体系、构造状况及与周围环境的配合情况等。本项目根据土地整治项目已有实践和借鉴相关行业经验，在综合对比分析的基础上，研究提出了土地平整工程、灌溉与排水工程、田间道路工程、农田防护与生态环境保持工程、农田输配电工程等6个一级工程下37项单体工程设计的具体型式、结构、尺寸、材料，以及计算公式、系数、参数选取等指标体系。

4. 构建了土地整治项目设计成果标准体系

（1）提出了土地整治项目可行性研究成果标准。在借鉴国内外相关行业可行性研究成果经验的基础上，紧密结合土地整治项目特点，分析提出了土地整治项目可行性研究的内容和研究深度，构建了成果标准模式，在此基础上制订了行业标准《土地整治重大项目可行性研究报告编制规程》（TD/T 1037—2013）。

（2）提出了土地整治项目设计成果标准。构建了土地整治项目设计报告的标准内容和规范格式，制订了行业标准《土地整治项目设计报告编制规程》（TD/T 1038—2013）。

（3）提出了土地整治项目制图成果标准。根据土地整治项目特点，参照相关行业制图经验，提出了土地整治项目设计图件标准体系，包括项目现状图、规划图、单体设计图（平面图、立面图、剖视图、详图、设备安装图、施工工艺图）等，制订了行业标准《土地整治项目制图规范》（TD/T 1040—2013）。

四、成果应用

1. 在规划层面的应用，引导了宏观布局

部分研究成果纳入国务院批复的两部国家级规划，2012年国务院批复的《全国土地整治规划（2011—2015年）》、2013年国务院批复的《全国高标准农田建设总体规划》第三章“建设标准和建设内容”中采用了本研究中关于建设内容和标准的成果。

2. 在制度层面的应用，规范了管理工作

本研究的部分成果被国土资源部的政策文件采纳，为规范土地整治项目的基础调查、可行性研究、设计、预算、实施、监管与验收等工作奠定了技术基础。

3. 在技术标准方面的应用，促进了行业健康发展

研究成果应用于1项国家标准、9项行业标准、1项行业标准报批稿、1项部级技术文件，为完成高标准农田建设等国家战略任务提供了重要保障，同时促进了土地整治项目的规范化、科学化实施与管理。

4. 在实际工作中的应用，为土地整治工作奠定了技术基础

（1）指导了全国土地整治工作的开展，规范了土地整治前期工作，有力保障了土地整治项目规划设计的科学性、可行性和合理性。

（2）应用本研究成果对全国土地整治从业人员进行了技术培训。

五、主要效益

土地整治项目设计关键技术研究的系列成果，促进了土地整治行业的规范化发展，对全国土地整治项目设计、预算编制、实施、验收等工作起到了重要的技术支撑作用，为顺利完成每年的土地整治任务和国务院确定的“十二五”高标准农田建设任务发挥了重要作用。据不完全统计，2000年以来，全国实施了逾25万个土地整治项目，累计建设规模近5亿亩[1]，新增耕地约8000万亩。在研究成果的指导下，增加了有效耕地面积，提高了耕地质量，改善了生态环境，增强了农田抵御自然灾害的能力，促进了土地节约集约利用，为实现城镇化、工业化、农业现代化同步发展提供了平台。

[1] 1亩≈666.67平方米。

天地网一体化的土地整治重大工程全生命周期监管技术研究与应用

一、成果概况

主要完成人：范树印、李少帅、陈原、田玉福、李林、陈艳林、赵庆利、李晨、徐秀云、吕婧、杨晓艳

项目来源及编号：2013—2015 年国土资源部部门预算项目“土地整治实施监管与绩效考评”

项目起止时间：2013 年 1 月—2015 年 12 月

知识产权支持及获奖情况：获发明专利 2 项，软件著作权 3 项；获 2016 年度地理信息科技进步奖二等奖

二、主要成果

1. 制定了土地整治重大工程前期工作规范

基于土地整治重大工程行业标准专项课题，研究如何规范重大工程前期可行性研究工作的程序、关键环节和成果要求，明确可行性研究工作的内容、范围和深度。针对重大工程可行性研究报告等材料，明确审查要点、审查程序和审查技术手段，在技术手段中，着重提出构建三维立体模型辅助审查规划设计的技术流程。形成了行业标准《土地整治重大项目可行性研究报告编制规程》（TD/T 1037—2013）。

2. 建立了土地整治重大工程信息化动态监测技术和监管模式

（1）基于土地整治重大工程项目信息动态监管机制研究，建立了重大工程各阶段监测的数据指标和数据流，构建数据逻辑分析校验模型，研发了基于网络的重大工程动态监测管理信息系统，为建立重大工程信息季报制度提供技术支撑。

（2）分析和研究集成GIS、RS、GPS等技术，结合重大工程各阶段填报的进展信息，建立了以时间维度为标尺，实时模拟和重现重大工程各阶段建设进展、土地整治重大工程全生命周期的信息化综合监管模式，为实现土地整治重大工程综合监管目标提供了科学有效的管理方法。形成了土地整治重大工程项目动态监测管理信息系统和土地整治综合监管平台，均取得了软件著作权（图1）。

图1 天地网一体化监管流程图

3. 形成了成熟的土地整治重大工程遥感监测技术方法

基于土地整治重大工程遥感监测实务工作，确定土地整治遥感监测内容，提出了土地整治项目的遥感数据获取方式与要求，建立了遥感数据的处理方法，分析了土地整治工程在遥感影像中的解译特征，建立了土地整治工程遥感影像解译标志库，提出了遥感监测程序和成果要求，出版了《土地整治遥感监测技术方法与实践》专著。

4. 研制了土地整治项目实地调查技术工具

为优化土地整治项目实地检查、工程量实地复核、遥感监测问题实地调查工作，提高实地调查工作效率，研发了基于移动终端（安卓操作系统）的土地整治工程实地调查系统，提供了土地整治项目图件和遥感影像加载、地图导航、地块查询、GPS测量、问题记录、现场拍照和数据汇总的功能。

三、创新要点

1. 创建了天地网一体化的土地整治重大工程全生命周期监管体系

通过系统研发、规范遥感监测工作、建立信息报备机制等方式，集成网络信息技术和“3S”技术，建立了坐标统一、格式规范的专题数据库，对土地整治重大工程各类图件信息（矢量图包括现状图、规划图和竣工图，栅格图包括各个时相的遥感影像）、属性信息（立项信息、进展信息、管理信息、竣工验收信息、绩效评价信息）进行管理，贯穿了重大工程立项、计划任务下达、项目实施管理、竣工验收、绩效评价等全生命周期。通过协同运用土地整治重大工程项目动态监测管理信息系统、土地整治综合监管平台、土地整治工程实地调查系统，开展遥感监测工作，优化了重大工程的立项审查、实施管理、竣工验收和绩效评价工作，促进了重大工程监管手段的多元化、监管层次的立体化，实现了集中统一、全程全面的监管目标。

2. 首次形成了一套成熟的土地整治项目遥感监测模式

（1）分析了各类土地整治工程的遥感影像解译特征，构建了土地整治工程遥感影像解译标志库，填补了业内空白。

（2）结合面向对象技术，运用 Canny 及其他相关算法创建了部分土地整治工程（田间道路工程、井房、蓄水池、灌排渠沟）的遥感影像自动化提取方法，并形成了 1 项专利。

（3）形成了一套成熟的土地整治项目遥感监测模式，编制了《土地整治项目遥感监测规程（征求意见稿）》，对土地整治项目遥感监测的程序、方法、遥感数据处理方式、成果表达等提出了明确要求，已广泛应用于重大工程遥感监测工作。

3. 研发了基于移动终端的土地整治工程实地调查系统，革新了原有的土地整治项目工程量复核方式

工程量复核方式的创新点：由之前的全面实地复核工程数量、按比例复核工程质量的方式，转变为室内通过遥感影像复核工程数量、通过移动终端对遥感影像无法识别的工程和一定比例的工程质量快速复核的方式，缩短了工程量复核周期，降低了复核成本。

土地整治工程实地调查系统研发方面的创新点：①为在移动终端实现遥感影像、规划图、现状图等图件的配准，研发了“地理坐标投影变化方法”，在配准的图件上，实现目标导航，并随着用户移动情况自动调整箭头指示行进方位，解决了传统导航软件中由于没有地图坐标，数据不能导航的问题。②针对遥感影像等图件占用数据空间大的问题，研发了“图像编码方法和编码装置”，使用基于分形和小波混合编码方法，实现了图像近无损压缩，节省了存储空间，提高了图像加载速度。③为提高目标地物搜索速度，研究了基于倒排文件的空间索引算法，发明了“空间数据索引方法和系统”，可利用地物图斑的编码、地类、面积等属性快速查找目标地物。上述 3 个创新均获得了国家专利。

4. 首次规范了土地整治重大工程可行性研究工作，提出了基于三维立体模型的规划设计审查思路

规范了重大工程前期可行性研究工作的程序、关键环节和成果要求，明确了可行性研究工作的

内容、范围和深度。借助于虚拟现实技术和实景三维技术，解决了传统二维规划设计审批时效果不直观、指标计算枯燥、空间关系不明朗等问题，能多角度、全方位、不留死角地反映地表真实情况；在实景三维的基础上进行规划设计，提高了选址的准确性，缩短了选址的时间，减少了设计不合理现象；在从不同角度亲身遍历项目区的过程中，通过三维场景调整、规划信息查询、规划方案比选等功能，为方案比选和决策提供依据和参考。

四、成果应用

1. 应用于开展土地整治重大工程季报工作

承担土地整治重大工程的省份，通过重大工程项目动态监测管理信息系统，按季度填报涉及重大工程的立项、实施进展、竣工验收等各个阶段，涉及工程量、资金拨付与使用、质量控制、实施效益等各个方面的数据。本项目研究成果是构建县级部门填报、省级部门审核、国家层面监管的重大工程季报制度的技术载体，为及时掌控重大工程有关情况提供支撑。

2. 广泛应用于重大工程遥感监测工作

本项目形成的土地整治工程遥感解译标志，灌排渠沟、田间道、井房等部分土地整治工程遥感影像的计算机解译方法，《土地整治项目遥感监测规程（征求意见稿）》等研究成果已广泛应用于吉林、黑龙江、河南、湖北、湖南、海南、云南、陕西、甘肃、青海、宁夏和新疆等 12 个省（自治区）的土地整治重大工程遥感监测工作，监测规模 1834 万亩，占重大工程建设总规模的 51.5%。通过遥感监测发现了规划设计、工程实施、竣工验收、后期管护等重大工程各阶段存在的问题，并促进地方对问题进行及时整改，进一步规范了重大工程的运行和建设。

3. 应用于部分省份重大工程的工程量复核工作

海南省海口市南渡江流域土地整治重大工程、陕西省延安市治沟造地土地整治重大工程、宁夏中北部土地开发整理重大工程和新疆伊犁河谷地土地开发整理重大工程在开展遥感监测工作的基础上，结合土地整治工程实地调查系统，对部分项目区开展了工程量复核工作，提高了工程量复核效率和精度，工程量复核周期较传统方式缩短了 50% 以上。

4. 规范了重大工程的可行性研究工作

作为研究成果之一的《土地整治重大项目可行性研究报告编制规程》（TD/T 1037—2013），规范了土地整治重大工程可行性研究工作的程序、关键环节和成果要求，明确了可行性研究工作的内容、范围和深度。河南省和湖北省移土培肥重大工程，海南省、甘肃省和陕西省等 5 个土地整治重大工程可行性研究报告等有关材料依据该研究成果编制完成。

5. 为土地整治前期工作提供支持

采用无人机低空摄影测量方式，对海南省海口市南渡江流域土地整治重大工程、陕西省延安市治沟造地土地整治重大工程、宁夏中北部土地开发整理重大工程部分项目区构建了三维立体模型，借助于虚拟现实技术和实景三维技术，解决了传统二维图件不直观、指标计算枯燥、空间关系不明朗等问题，提高了选址范围的准确性，减少了设计不合理现象。

五、主要效益

在立项审查阶段，提高了土地整治规划设计的准确度，降低了后期规划实施阶段的调整变更频率。实施管理阶段，在管理人员严重不足，与监管任务不匹配的情况下，提高了监管效率和监管效能；利用遥感技术发现了传统监管方式难以发现的监管盲区，将问题解决在萌芽阶段。在竣工验收阶段，提高了工程量复核的效率和精度，缩短了竣工验收工作周期。总体上看，新的监管方式降低了监管工作的资金和时间成本，扩大了监管范围，进一步规范了土地整治重大工程的建设和管理工作，将传统的主要通过抽象的文字和数字材料掌控工程进展方式转变为通过遥感影像、在全生命周期对重大工程项目区进行可视化监管。

节地节水生态型土地整治规划设计技术与应用研究

一、成果概况

主要完成人：范树印、严金明、王军、张占录、李强、郭义强、王金满、赵中秋

项目来源及编号：“十一五”国家科技支撑计划项目“土地整理关键技术集成与应用”中的课题“土地整理规划、设计技术研究”（2008BAB38B01）和“西部生态脆弱区保质生态型土地整理技术应用研究”（2008BAB38B07）

项目起止时间：2009年1月—2011年12月

知识产权支持及获奖情况：2016年度国土资源科学技术奖二等奖

二、主要成果

1. 构建了土地整治“诊断预警、项目选址、规划设计、系统管理”模型与技术体系

在诊断预警方面，建立了土地整治资源环境效应快速诊断与Probit非线性预警模型，从众多区域资源环境影响因子中识别筛选出关键因子和指示因子，建立了由资源效用、环境效应和景观效应3项准则层28项指标构成的区域土地整治资源环境效应快速诊断因子数据库（土地整治资源环境效应诊断与预警指标体系），并应用数据挖掘与计量分析，引入Probit非线性模型，结合多元线性模型，参考国内外研究基础，将警情划分为巨警、重警、中警、轻警和无警5类并确定相应阈值，构建了土地整治资源环境效应评价综合预警模型。

2. 形成了田、路、沟、渠、林“五位一体”节地节水型土地整治规划设计模式

结合农业复合立体经营模式，通过田块大小、方向与组团的合理布设，路、沟、渠、林的空间布局及相应的单体设计优化，减少地表土地占用率，并充分利用整治区原有的地形地貌和覆被条件，设计了田块节地规划设计技术、路网节地规划设计技术、沟渠节地规划设计技术和林带节地规划设计技术。形成了不同类型整治区适用的节水灌溉技术、节水灌溉地面灌溉系统规划设计

技术与渠道防渗设计技术、低压管道输灌水系统的布设与设计技术、集雨灌溉系统规划设计技术，以减少水资源浪费，提高水资源利用率与节约利用水平。整合不同种植作物水分胁迫规律下的优化灌溉制度与农艺综合节水技术，进行节水农业经营种植布局设计，提高灌溉水利用率与水分产出率。分别针对东部、中部和西部地区提出节地型与节水型规划设计技术整合模式与组配技术，在东部地区（福建省南平市建阳区小湖镇）示范应用增加有效耕地面积2.30%、节水率6%左右，在中部地区（山西省闻喜县后宫乡）示范应用增加有效耕地面积2.36%、节水率6.3%，在西部地区（贵州省关岭县）示范应用增加有效耕地面积3.3%、节水率5%~8%。

3. 集成了保质改良型土地整治规划设计与施工技术体系

针对西南喀斯特地区土地贫瘠、土壤板结、保水性差等问题，通过动态模拟、室内盆栽试验和田间小区试验，提出了基于废弃物资源化再利用的土壤改良剂配方（35~60份沼渣、30~60份粉煤灰、5~10份磷矿粉和0.2~0.5份复合微生物菌剂），每亩成本约50元。针对西北干旱区待整理土地盐碱化、贫瘠化等问题，通过室内淋洗、动态模拟和田间小区试验与示范，应用脱硫石膏实现土壤胶体中的 Ca^{2+} 和 Na^{+} 替换，实现了脱硫石膏改良盐碱化耕地及水盐碱迁移转化动态虚拟仿真，提出了脱硫石膏与微生物菌剂联合改良盐碱化耕地的最佳模式。系统设计了土地荒漠化区防风固沙林造林规划技术与风沙综合治理规划技术，以及梯田埂坎防护林工程、农田防护与生态环境保持等施工技术，制定了西北干旱区、黄土高原区、西南山地区等不同地区水土保持规划技术与施工技术，系统构建了防风固沙型、盐碱改土型、侵蚀控制型、保水培土型等保质改良型土地整治规划技术与施工技术。

三、创新要点

1. 提出了土地整治规划研究的理论范式

项目提出了土地整治规划包含本体论、认识论和方法论的理论范式。在本体论上，将土地整治规划的本质再认知为“对人地关系的再调适”，界定了其功能为“满足人的‘三生’提升诉求”，区分了土地整治规划“本质功能”、“核心功能”与“叠加功能”三大功能系统；在认识论上，提出了促进土地整治规划实现转型发展的“十大战略导向”；在方法论上，分析了国家层面战略背景、定位、目标与任务，形成了区域统筹的土地整治规划战略模式顶层设计框架，并进行了战略实施保障机制设计，为提高土地整治规划的针对性、前瞻性、稳定性、协调性和有效性奠定了理论支撑，填补了国家层面的土地整治规划理论基础研究空白。

2. 形成了土地整治节地节水综合模型与项目管理信息系统

在项目选址方面，构建了多目标约束下不同田块类型与路、沟、渠、林等田间工程的节地节水综合决策模型。在空间属性分析与标准化规范研究的基础上，构建了在符合种植条件、达到经济指标、利于灌溉排涝、适应机械化作业、提高土地利用率和水资源利用率等多目标约束条件下，不同田块类型与路、沟、渠、林等田间工程的节地节水综合决策模型。

在系统管理方面，建立了土地整治项目管理信息系统。以多源异构数据统一访问和融合技术、项目选址指标筛选和多目标优化决策技术为基础，建立了土地整治项目基础数据库，进行系统开发与研建，完成了土地整治规划设计信息系统、选址系统、设计系统和管理系统的开发与研制，实现了土地整治规划设计精确化、项目管理信息化、项目设计快速化和项目选址综合决策支持系统化。

3. 研发了生态防护、景观再造与联合改良一体化的生态型土地整治规划设计技术

项目完成了农田生态保育规划设计，形成了整治区土地平整中保育畦留用的设计理念、田块设计中田块生态边界的设计思路与模式、营造条状林带联结块状景观斑块的田间道路景观廊道设计模式、田间生态型错车带设计实现增加生态用地与道路节地同步实现的设计模式；完成了农水景观生态规划与设计，适应不同整治区域实际，从材料、渠道断面与结构等方面改进，凹凸化缓坡渠道建设和利用植栽提供渠道阴影的生态化沟渠设计技术；完成了农路景观生态规划与设计，形成了路中间生态利用的生态型道路设计技术、封山育林植被恢复技术；结合整治区现状，综合考虑道路和沟渠的材料、结构等特征，研发出最优生态效益的生态型土地整治规划设计技术。

四、成果应用

在我国东部、中部、西部选取6个典型地区开展了示范应用研究，取得了良好效果。在新疆生产建设兵团第六师五家渠市应用保质生态型土地整理技术，采用了土壤改良技术和加压滴灌集成技术，取得了良好的效益；在贵州省关岭县花江镇、八德乡、永宁镇土地整治项目区推广应用了保质生态型土地整治技术，包括土壤培肥、生态设计和节水灌溉技术，推广面积2万余亩；在福建省南平市建阳区应用整治区节地节水型田块与路沟渠林工程综合规划技术，主要包括节地型路沟渠设计技术、节水型灌溉规划设计技术与“田、路、沟、渠、林”五位一体优化配置技术，能够减少路沟渠道占用的土地，增加了有效耕地面积61亩左右。项目关键技术经示范和适应性改革后能够在我国40%以上的类似区域土地整治区进行全面推广，成果应用前景广阔。

五、主要效益

项目形成了一整套节地节水型土地整治规划设计技术相关软件系统，能够在我国 40% 以上的类似区域土地整治区内适用，具有较好的经济效益；可以显著提高水土资源的利用效率，有助于促进我国土地整治规划与设计技术的发展；可以改善整治区的生态环境，保持生物多样性，提高生态系统的服务功能和环境效益；可以解决我国不同区域土地整治规划设计中存在的实际问题，以增加有效耕地面积、提高耕地质量，促进农业增产、农民增收和农村发展，实现生产、生活、生态全面可持续协调发展，为维护国家耕地红线、粮食安全和长治久安提供技术保障。

土地整治区域性规律分析

一、成果概况

主要完成人： 汤怀志、梁梦茵、范金梅、姜广辉

项目来源及编号： 2016年国土资源部部门预算项目“土地整治实施监管与绩效考评”

项目起止时间： 2016年4月—2016年12月

二、主要成果

1. 开展土地整治项目时空特征分析

基于2003—2014年全国土地整治验收项目个数和规模数据，研究了全国土地整治项目时间变化、各省（自治区、直辖市）土地整治项目空间分布变化和各省（自治区、直辖市）各类土地整治项目空间分布，分析了全国土地整治项目时空变化（图1，图2）。

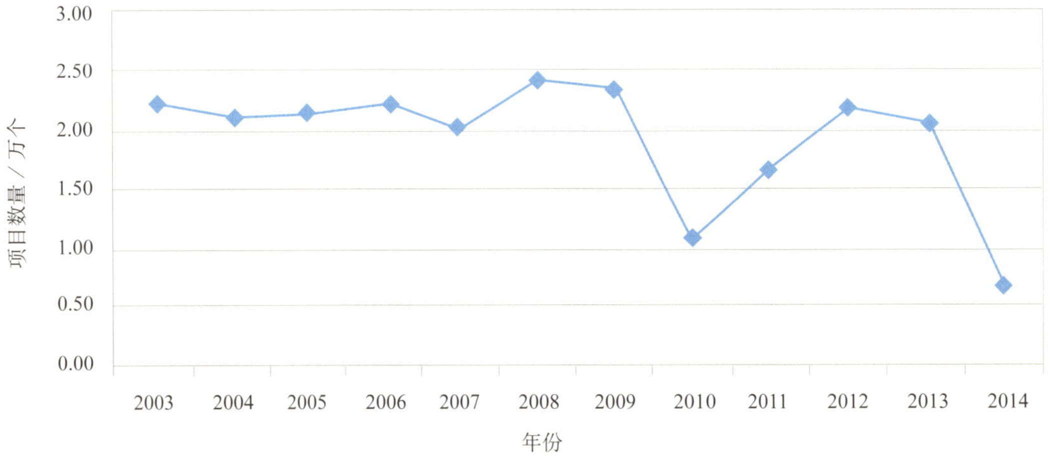

图1　2003—2014年全国土地整治项目数量变化

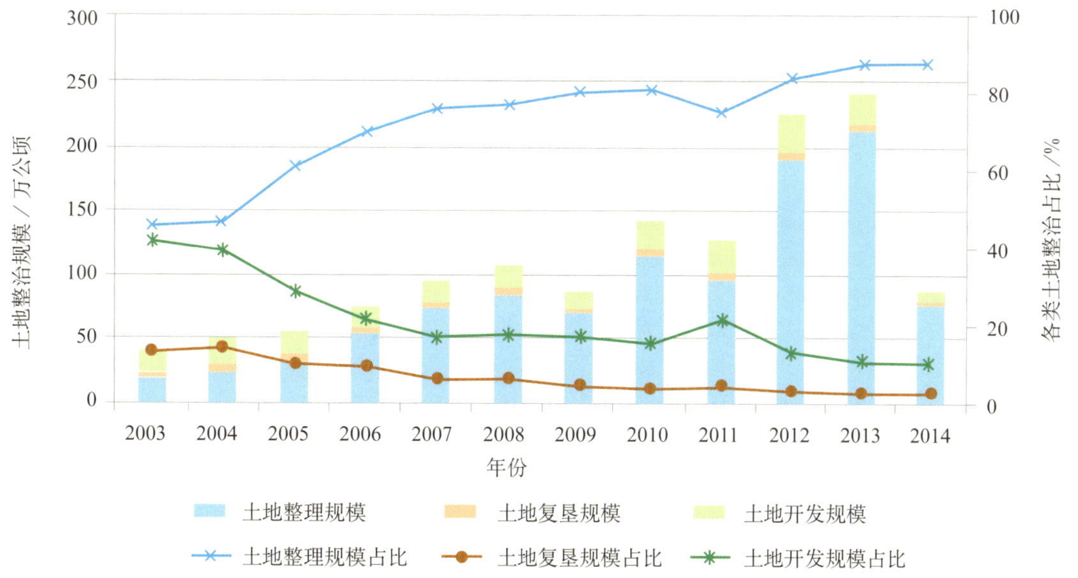

图 2　2003—2014 年全国各类土地整治规模变化

2. 开展土地整治变化与自然经济社会要素相关关系分析

利用SPSS软件，经皮尔逊相关分析可知，影响土地整治项目规模的关键自然因子为耕地面积；影响土地整治项目规模的关键经济社会因子分别为固定资产投资、地膜覆盖面积、农用机械总动力、人口规模、就业人员数、GDP、第三产业比例（图 3）。分析了土地整治变化的驱动力，主要包括经济发展水平、人口规模、产业结构、耕地资源禀赋等因素。

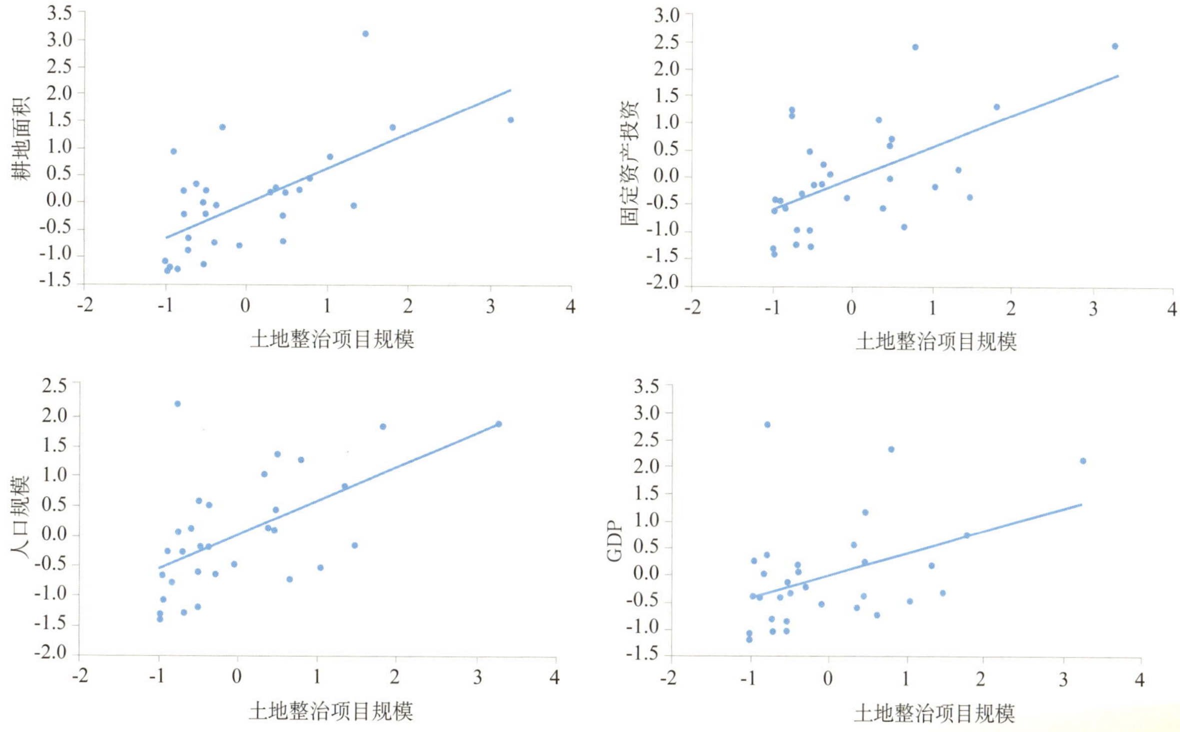

图 3　土地整治项目规模与自然经济社会因子相关性

3. 进行“四化”协调发展评价与分析

选取适宜指标，构建工业化发展指数 $G(g)$、信息化发展指数 $X(x)$、城镇化发展指数 $C(c)$、农业现代化发展指数 $N(n)$，进行“四化”发展水平测度。式（1）~式（4）分别计算“四化”发展水平、“四化”综合发展指数、耦合度指数、协调度指数。

$$G(g)=\sum_{i=1}^{m}\alpha_i g_i'; \quad X(x)=\sum_{j=1}^{m}\beta_j x_j'; \quad C(c)=\sum_{k=1}^{m}\gamma_k c_k'; \quad N(n)=\sum_{l=1}^{m}\delta_l n_l'; \tag{1}$$

$$T=1/4\left[G(g)+X(x)+C(c)+N(n)\right] \tag{2}$$

$$C=\sqrt{2-\frac{4\times\left[G(g)^2+X(x)^2+C(c)^2+N(n)^2\right]}{\left[G(g)+X(x)+C(c)+N(n)\right]^2}} \tag{3}$$

$$D=\sqrt{C\times T} \tag{4}$$

4. 探索土地整治阶段划分的表征指标

我国土地整治以1997年上海市开展“三集中”土地整理为代表，逐渐得到发展，特别是1998年国土资源部土地整治中心的成立，更是加快了其发展速度。工作重心也由增加耕地数量逐渐向农用地整治、农地与村庄建设用地整治、城乡用地综合整治、生态化土地整治方向转移，经历了三个发展阶段，正在向第四个阶段迈进。

三、创新要点

1. 全国土地整治变化趋势分析

根据2003—2014年全国土地整治项目数量、规模、结构及新增建设用地变化情况，将全国土地整治划分为3个阶段：土地整治全面上升阶段（2003—2008年）；土地整治波动上升阶段（2009—2012年）；土地整治全面调整阶段（2013—2014年）。各阶段土地整治项目相关指标变化情况如图4所示。

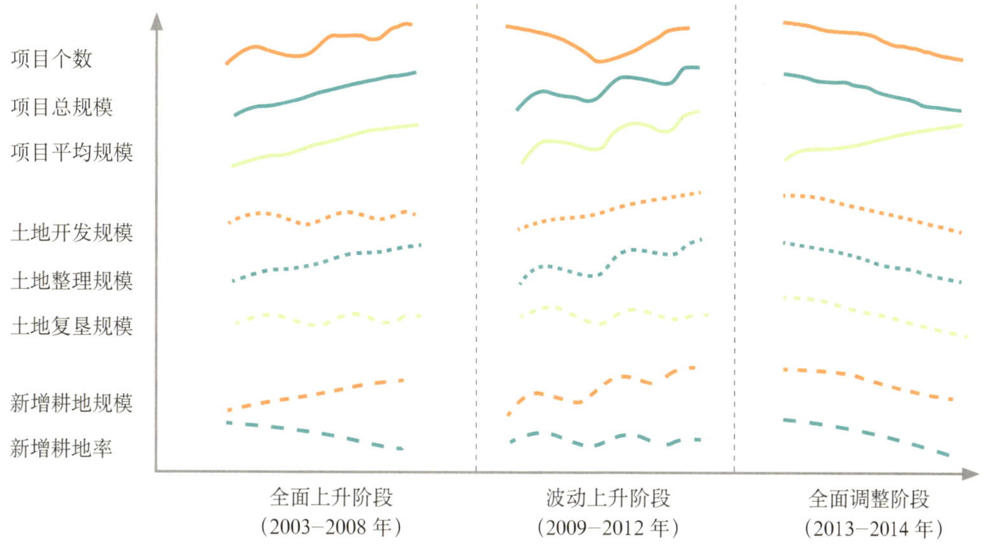

图 4　各阶段土地整治项目变化情况示意图

注：图中曲线仅表示相关指标变化趋势。

2. 土地整治变化驱动力空间分区

依据土地整治变化的驱动力指数特征，结合各区域土地整治变化的基本矛盾及其社会—自然特征，对现阶段我国土地整治变化驱动力进行了空间分区，包括青藏—西南地区（生存型经济福利—生态安全驱动区）、中西北地区（生态安全—生存型经济福利驱动区）、东南部地区（以最优经济福利—粮食安全驱动为主，多种驱动力量并存的地区）、东北部地区（以粮食安全—最优经济福利驱动为主，多种驱动力量并存的地区）。

3. 基于“四化”协调的区域问题识别及土地整治功能需求分析

识别问题区域是制定和完善区域政策的基本前提。基于“四化”发展状态的综合测度及其影响因素分析，进行问题区域识别。根据一定的判定准则，提取问题区域，并对问题地市进行综合分析，可大致分为 7 类：工业化滞后引发的综合滞后型，城镇化信息化滞后型，信息化滞后型，城镇化农业现代化滞后型，城镇化滞后型，农业现代化滞后型，相对效率偏低型等。

总体来看，145 个问题城市主要分布在中部传统农区、西南山地丘陵区和青藏高原区，产业发展困难、城镇发展缓慢、优质劳力外流是其中大多数区域面临的共性问题，山地丘陵区和高原区还面临地形复杂、生态环境脆弱等问题。

在城乡转型发展新时期，此类问题区域是我国国民经济和社会发展的重要后方和生态屏障，更是优化国土空间开发格局、推进“四化”同步发展、加快生态文明建设的重点和难点，土地整治需求比较迫切，区域政策应给予特别关注。

4. 区域土地整治阶段性划分与评价

根据土地整治阶段性划分的表征指标及各阶段特点，结合各区域土地利用战略定位和土地整治功能需求，对我国各区域土地整治阶段进行识别。其中，各区域主要识别指标分别为：东北区为耕地面积，京津冀区为城市化率，苏浙沪区为GDP，闽粤琼区为森林覆盖率和城市化率，晋豫区为人口，湘鄂皖赣区为GDP和人口，西南区为城乡居民收入对比，青藏区为海拔和自然保护区面积占辖区面积比例，西北区为海拔和沙化土地面积。

用各区域土地整治各类型规模占比来反映区域内部土地整治类型结构，用区位熵来反映区域土地整治各类型规模强度水平。

四、成果应用

本研究基于土地整治项目数据和自然经济社会数据，分析了土地整治项目的时空特征，评价了全国的“四化”协调发展水平，划分了土地整治的阶段性，判定区域阶段性归属，测算了土地整治规模与自然经济社会因素之间的相关性。该成果进一步应用于实践中，可以为土地整治工作提供基础数据参考。

五、主要效益

本研究通过对全国土地整治项目时空特征的分析，认识了目前我国土地整治项目空间集聚格局，划分了各区域土地整治阶段性；通过项目规模与区域自然经济社会指标的相关性分析，揭示了两者之间具有显著的相关性；通过分析我国县域的“四化”协调发展水平，进一步明确区域的土地整治需求。本研究成果可以为今后土地整治分区及项目布局提供参考。

土壤不透水层自动钻孔填砂智能设备研制

一、成果概况

主要完成人： 鞠正山、陈坤、胡小安

项目来源及编号： 2016 年国土资源部部门预算项目“土地整治实施监管与绩效考评”

项目起止时间： 2016 年 1 月—2016 年 12 月

二、主要成果

基于水盐运动规律，针对盐碱地土层结构，研发了土壤不透水层自动钻孔填砂工艺与设备（图 1，图 2），打破不透水层，提高排盐效率。构建了标准化体系，包括设备生产制造、技术培训、日常操作、维护保养技术规程，确保工程装备和工程材料的制造与应用、工程实施、工程管理与维护标准化和产业化。

图 1　钻孔灌砂设备方案图

图 2　钻孔灌砂设备实物图

三、创新要点

针对盐碱地土地生态治理的迫切需求，研发了土壤不透水层钻孔灌砂设备，突破了关键工作系统与部件的材料、工艺、结构、性能等技术瓶颈，填补了国内空白，为盐碱地生态治理提供了装备支撑。项目研制的设备能够在盐碱土壤中钻孔穿过不透水层，然后在孔中安装滤水导管，最后灌砂覆土，具有钻孔、安管、灌砂、覆土平地、智能定位功能，一机多用。

1. 改善设备的稳定性能、通过性能、转弯性能

加长设备轴距，增加作业时接地面积，使车身更加稳定。经改进设计，将砂箱安置在车架后部，能够使砂箱兼任配重的作用，使整机重心更居中，提高了设备的抗倾覆稳定性，并通过力矩法计算进行了稳定性校核。改进设计，选用了 6.50~16 大直径高负荷轮胎以提高车架承载能力，加高车架以提升设备的过坡及通过性能。前轮加设转盘结构，提升了设备的转弯性能；后轮加设刹车结构，提高了行车的安全性。

2. 提升设备的钻孔性能

设备的桅杆前墙板为钻孔器上下滑动的导轨竖直导向板，作业时通过变幅油缸伸缩控制桅杆的角度，保证钻孔器的高精度，始终垂直钻进，使设备能够在坡度 $<10°$ 的凹凸不平地表上垂直钻孔；孔深 2 米全行程加压，保证在各种复杂地层中的钻进速度和设备运行效率；满钻时桅杆触地支撑，起到支架的作用。

3. 改善设备的灌砂性能

设备的砂箱为大斜角漏斗式设计，利于下砂、排砂。针对本项目特有的灌砂工艺，还设计了双仓双闸门定量灌砂，上部仓为储砂仓，闸门控制往下部定量仓下砂；下部仓为灌砂仓，定量为孔洞灌砂。灌砂油缸伸缩可以控制灌砂导轨的角度，使砂箱中心距离孔洞中心 0.5 米以内范围停车均可对孔灌砂，降低对孔难度。可单人操作完成钻孔、灌砂、卸渣、行车一整套工作，车到孔成，随钻随灌，作业效率高。

4. 自主研发设备的定位导航功能

设备的定位导航系统包含显示控制一体化终端、测量和基准站，兼容 GPS、GLONASS、Galileo 和北斗定位系统及相关传感器等整体系统。利用蚁群算法迭代寻找最佳路径并规划作业顺序，作业点记录导出功能，供后续作业使用。

四、成果应用

该设备既可用于内陆盐碱土地水盐运移科学研究，也可用于有针对性地解决实际不透水层问题，配合暗管排盐工程，有效提升排盐效率，实现盐碱土地规模化治理；设备还可应用于电力、市政、工民建等领域，完成砂土层、淤泥层、黏土层、填土层、冻土层等不同地质层钻工作业，应用前景广阔。

五、主要效益

该设备可以大大提高经济社会中相关领域作业的效率，降低施工成本，经济效益十分可观。

金属矿山土地复垦工程建设技术标准研究

一、成果概况

主要完成人：罗明、周旭、范彦波、周际、周妍、陈元鹏、张丽佳、周连碧、祝怡斌、苏文湫、李青、孟磊、霍汉鑫、陈斌、宋爽、鞠丽萍

项目来源及编号：2016 年国土资源部部门预算项目“土地整治实施监管与绩效考评”

项目起止时间：2016 年 1 月—2016 年 12 月

二、主要成果

1. 归纳了金属矿山土地复垦工程建设技术特点

通过文献查阅及现场调研，了解国内外金属矿山土地复垦研究现状；全面归纳、总结金属矿山土地损毁特征及金属矿山土地复垦技术方法；在此基础上形成了金属矿山土地复垦工程建设技术要点。根据金属矿山场地损毁特征，将金属矿山土地复垦分为露天采场、排土场、尾矿库、塌陷地、堆浸场、原地浸矿和临时占地的复垦，并根据各场地特点进行土地复垦工程建设技术要点归纳总结。

2. 构建了金属矿山土地复垦工程建设技术标准体系

类比分析了国内相关工程技术标准体系，包括《水土保持综合治理技术规范》《造林技术规程》《高标准农田建设标准》等，借鉴各工程技术标准体系的分类方法，结合金属矿山土地损毁类型、矿种类型、复垦技术等特点，进行技术标准体系框架研究，最终形成金属矿山土地复垦工程建设技术标准体系。

根据场地类型、区域位置、矿种类型、复垦技术及复垦方向不同，将金属矿山土地复垦划分为 5 种不同的技术标准体系，分别为：

（1）金属矿土地复垦工程技术标准体系——场地类型（图1）：

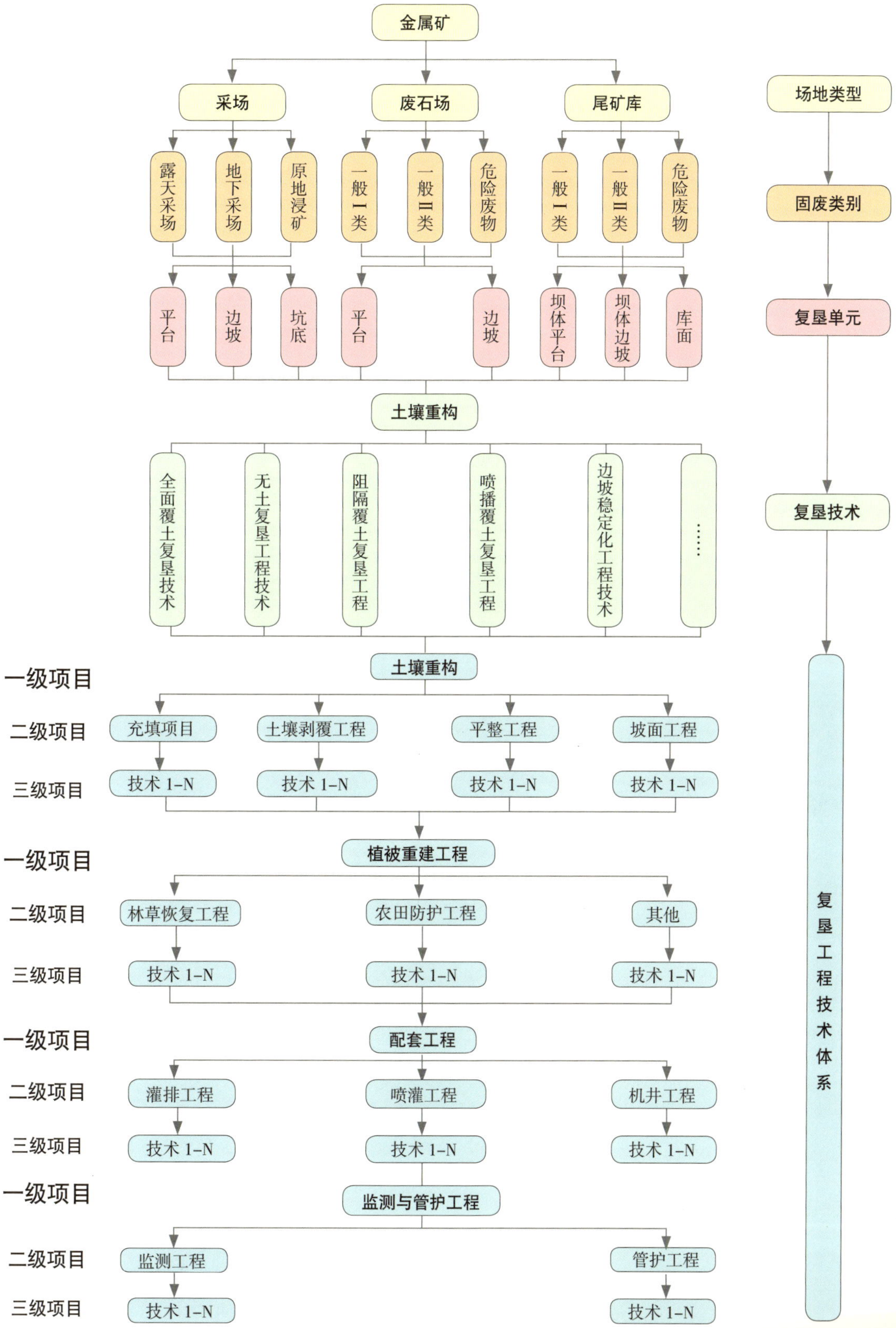

图1　金属矿土地复垦工程技术标准体系——场地类型

（2）金属矿土地复垦工程技术标准体系——区域位置（图2）：

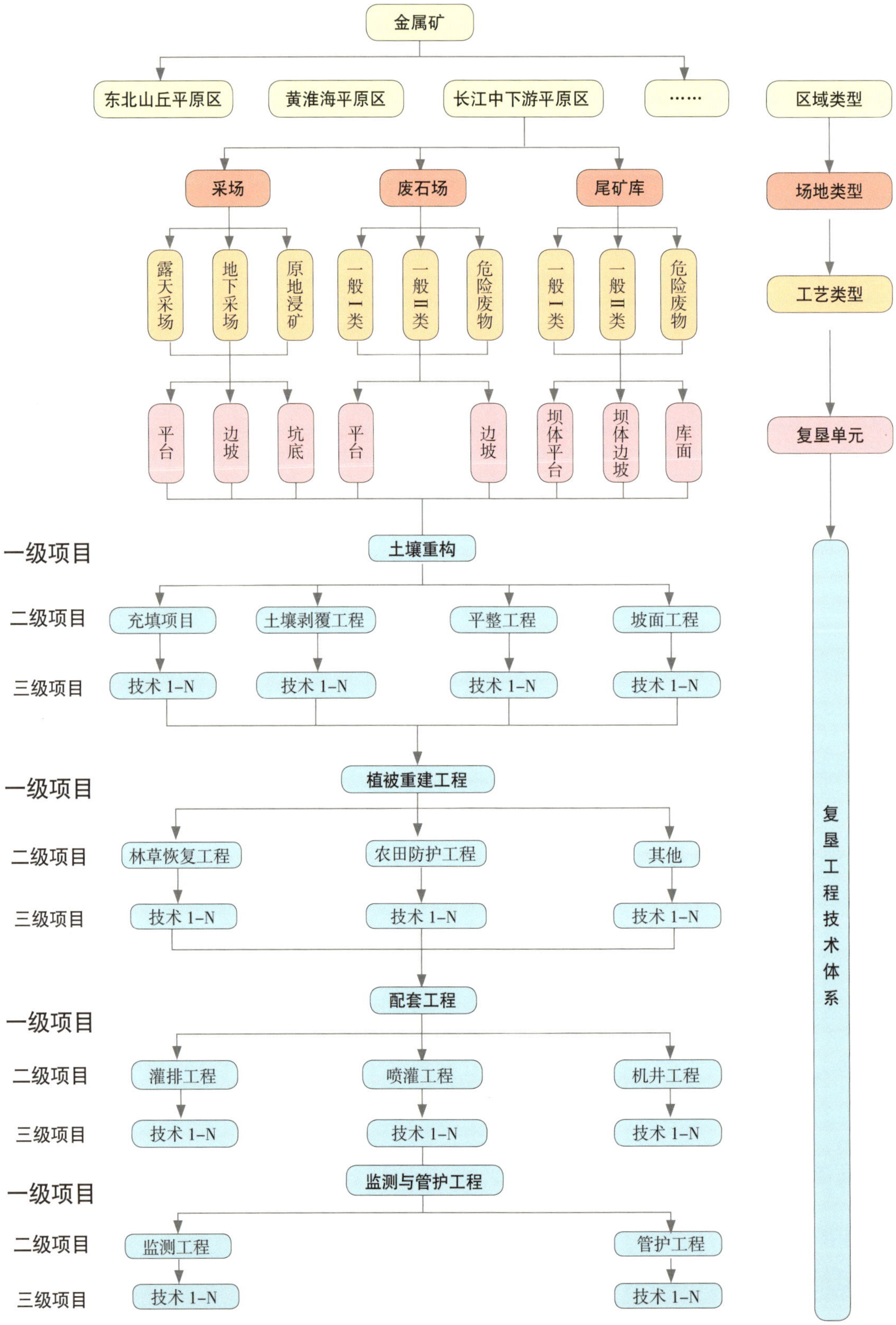

图2　金属矿土地复垦工程技术标准体系——区域位置

（3）金属矿土地复垦工程技术标准体系——矿种类型（图3）：

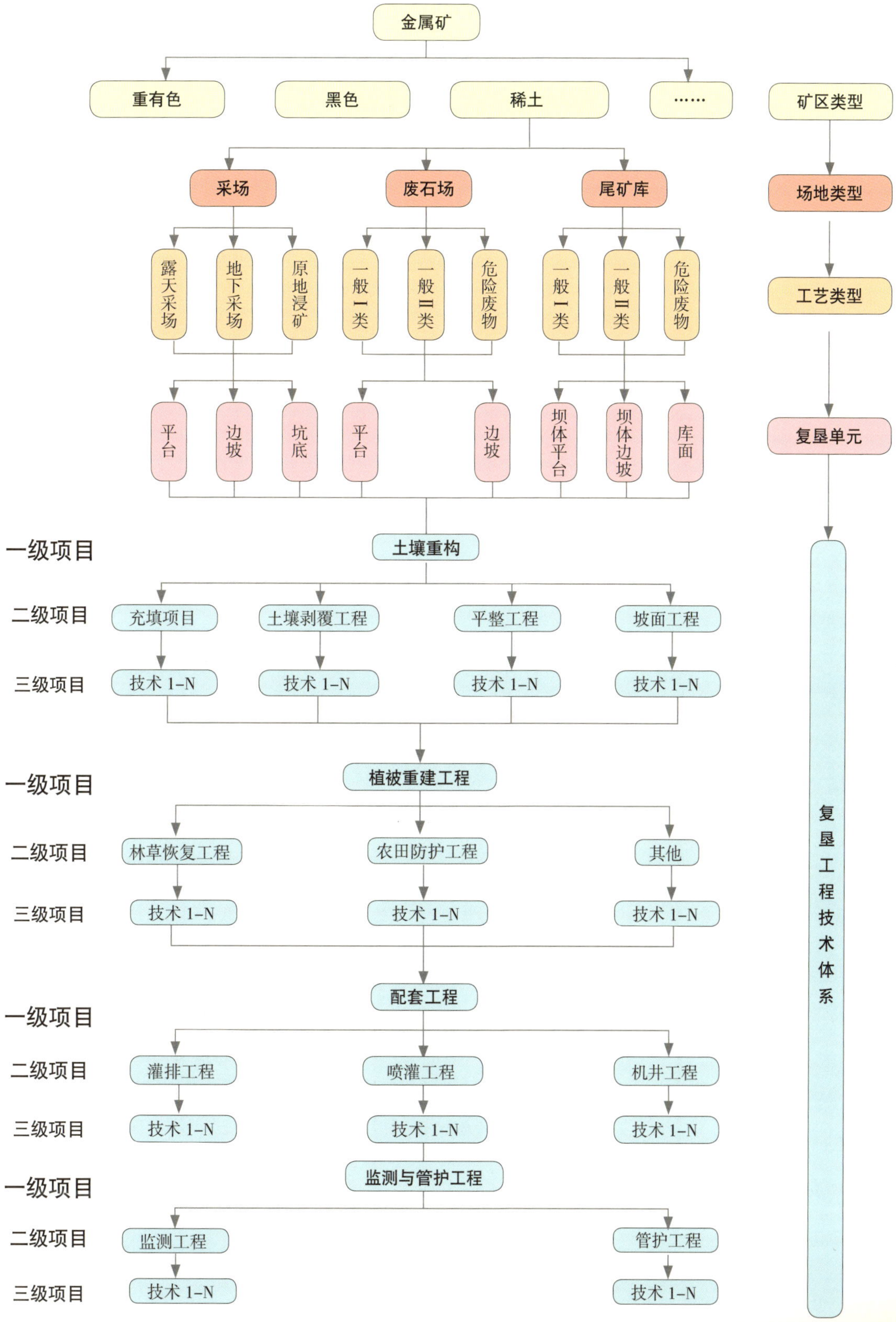

图3　金属矿土地复垦工程技术标准体系——矿种类型

（4）金属矿土地复垦工程技术标准体系——复垦技术（图4）：

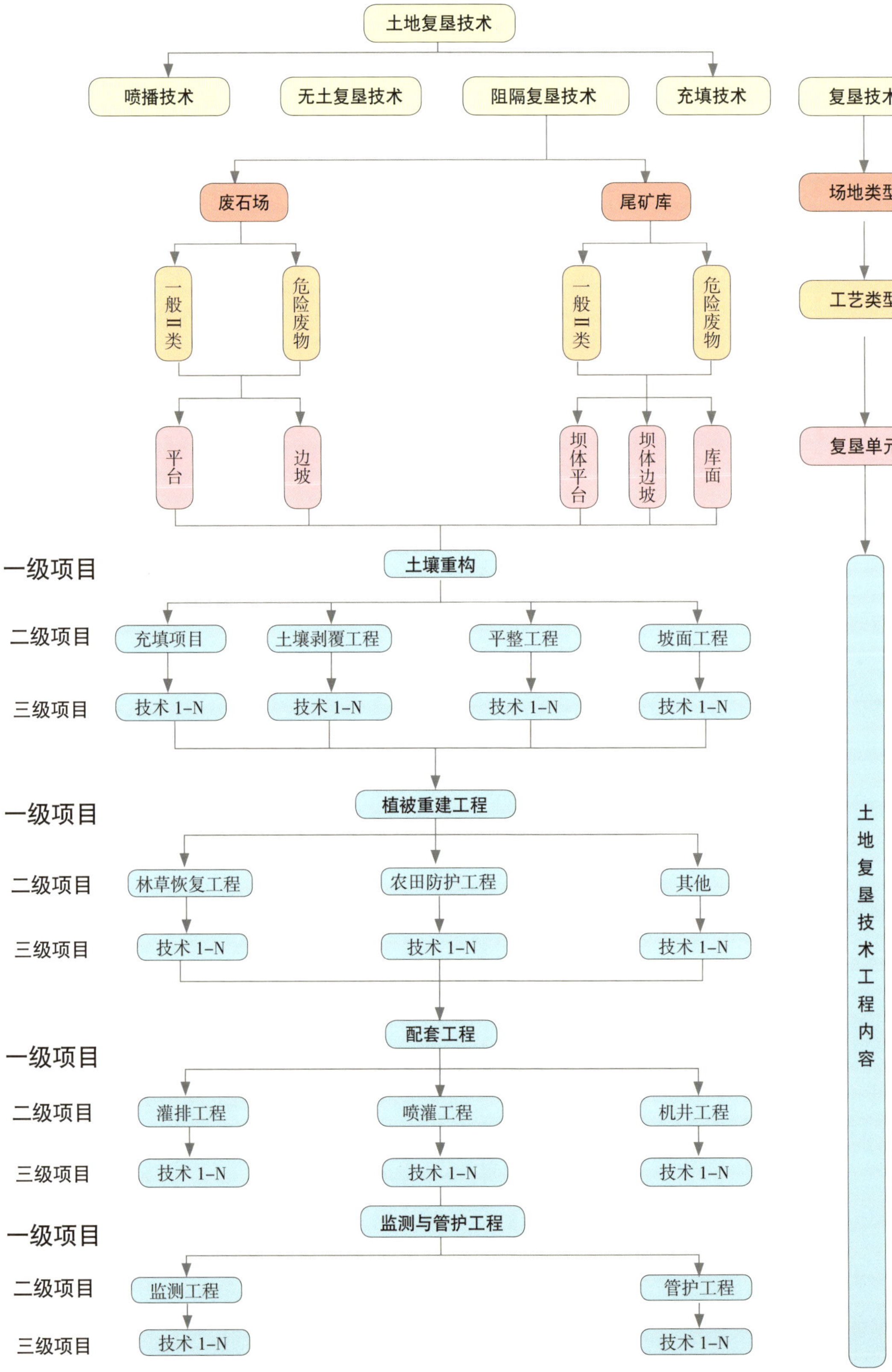

图4　金属矿土地复垦工程技术标准体系——复垦技术

（5）金属矿土地复垦工程技术标准体系——复垦方向（图5）：

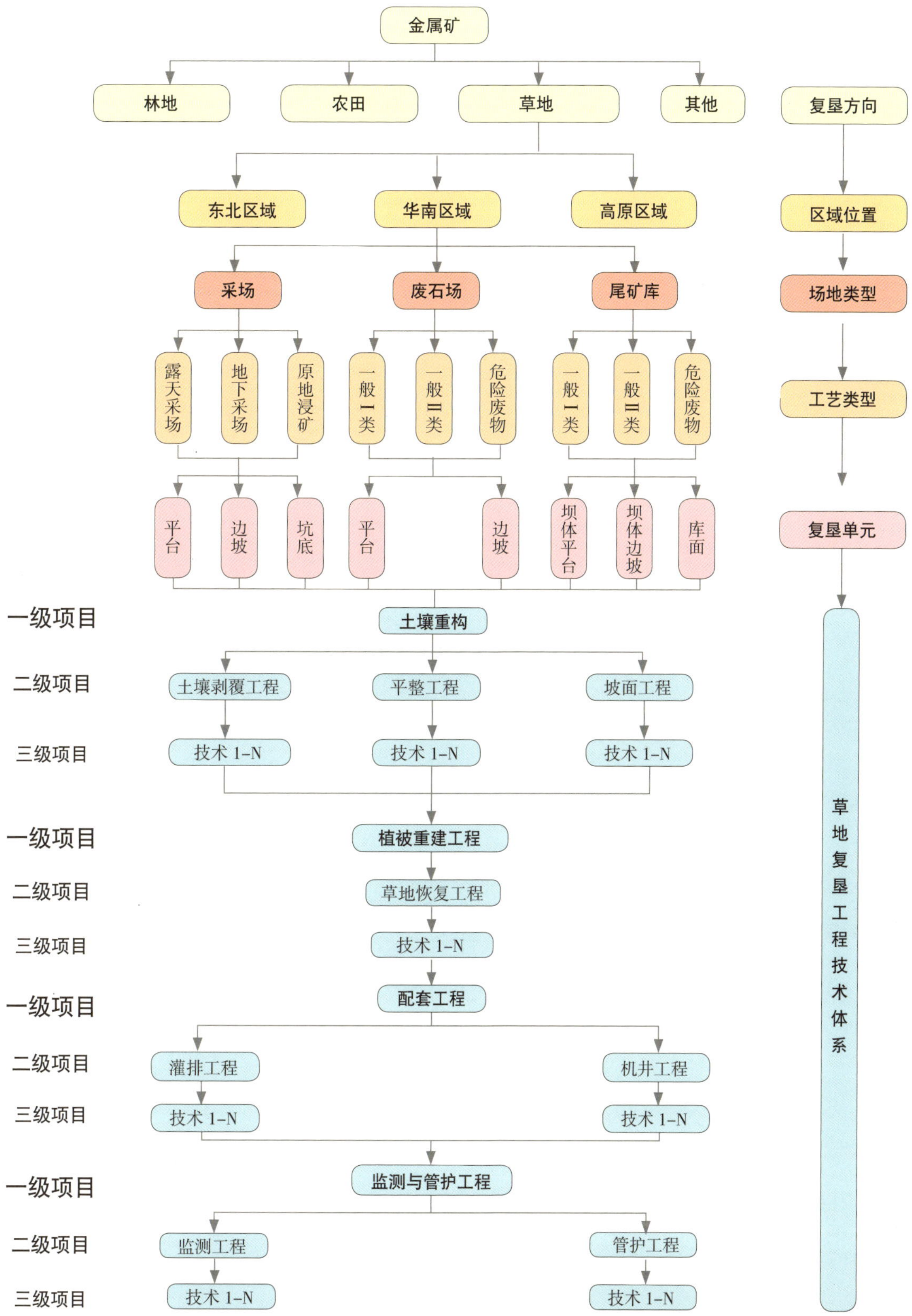

图5　金属矿土地复垦工程技术标准体系——复垦方向

通过对5种分类体系的优点、缺点进行比较分析，最终得出以场地类型进行划分的技术标准体系更能体现金属矿山土地复垦的特点，并根据该划分方法构建了金属矿山土地复垦工程技术标准体系（图6）。

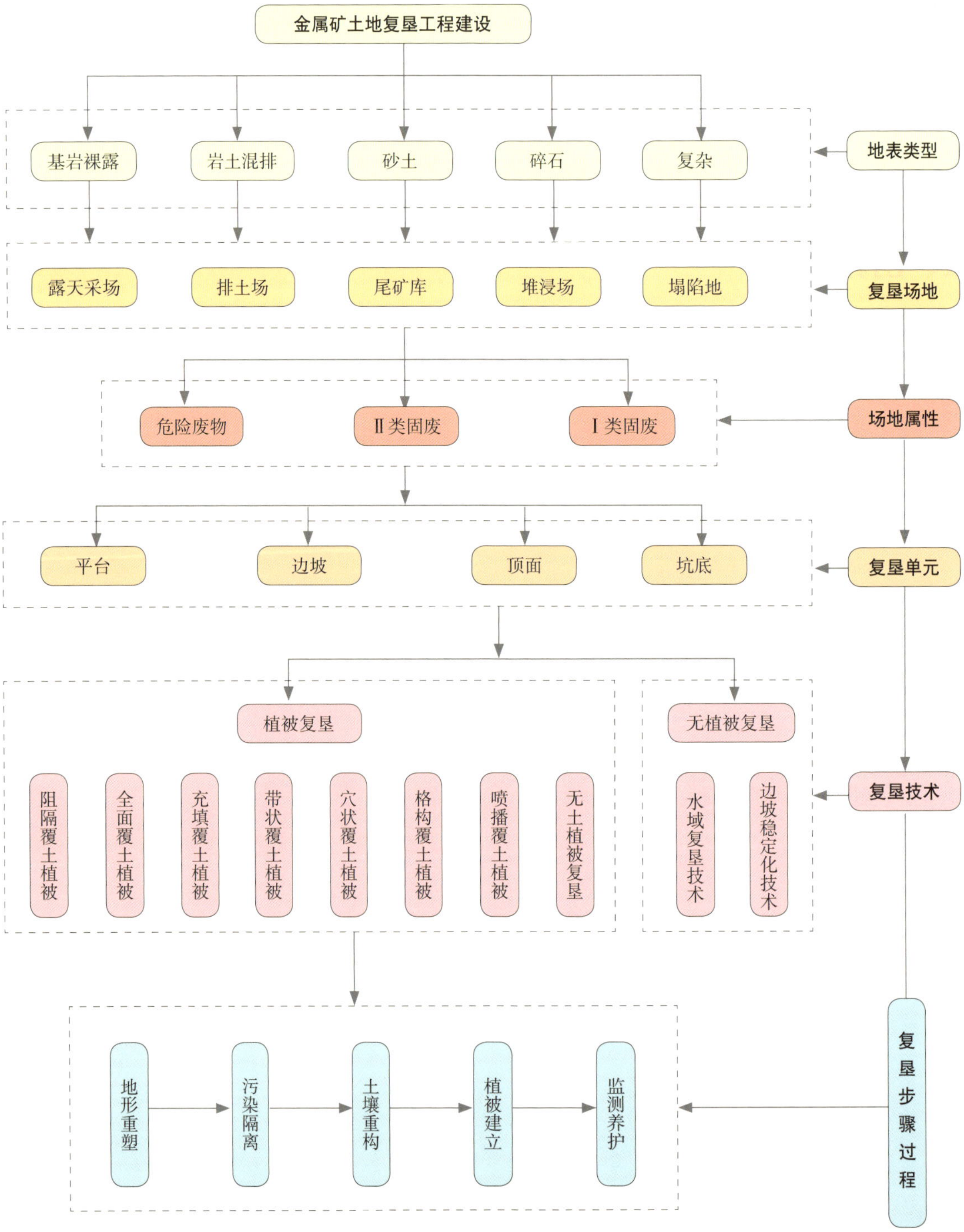

图6　金属矿土地复垦技术标准体系

依据该体系划分，金属矿土地复垦工程技术标准可按露天采场、排土场、尾矿库、堆浸场、塌陷地等进行构建，即：

（1）金属矿土地复垦工程技术标准——露天采场；

（2）金属矿土地复垦工程技术标准——堆浸场；

（3）金属矿土地复垦工程技术标准——废石场；

（4）金属矿土地复垦工程技术标准——尾矿库；

（5）金属矿土地复垦工程技术标准——塌陷地；

（6）金属矿土地复垦工程技术标准——其他场地。

三、创新要点

1. 全面梳理了金属矿山土地损毁的地表类型、复垦单元、土地复垦技术和复垦步骤过程的相关关系

生产项目土地复垦方案可依据《土地复垦方案编制规程》（TD/T 1031—2011）编制，土地复垦完成后可按照《生产项目土地复垦验收规程》（TD/T 1044—2014）进行验收，确保复垦质量，但复垦中间过程的质量控制无标准，急需建立相关技术标准。金属矿山开采对地表造成严重的挖损、压占、塌陷等损毁，土地损毁类型复杂，土地复垦难度大。金属矿山土地复垦具有典型代表性，进行金属矿山土地复垦工程技术标准体系研究，可为金属矿山土地复垦行业相关技术标准建立提供参考及支撑，具有重要的现实意义。

2. 构建了金属矿山土地复垦标准（规范）体系

通过调查分析金属矿山土地复垦现状、土地损毁特征及复垦技术要点，研究金属矿山土地复垦工程建设体系，首次提出以金属矿山典型场地类型为一级分类、复垦单元为二级分类、复垦步骤过程为三级分类的金属矿山土地复垦工程建设技术标准体系，为金属矿山土地复垦工程技术标准的建立提供技术参考。

四、成果应用

以“金属矿山土地复垦工程建设技术标准研究”为基础，“金属矿土地复垦技术规范研究”作为“土地复垦与修复质量标准研究”课题研究内容之一列入了科学技术部“十三五”期间的“国家质量基础的共性技术研究与应用”项目，已立项获批，预计2020年左右作为基础标准发布实施。

五、主要效益

1. 社会效益

可有效贯彻落实《土地复垦条例》，突破目前金属矿山土地复垦工程建设无标准可依的困境，规范金属矿山土地复垦工程建设，满足金属矿山土地复垦需求，具有明显的社会效益。

2. 经济效益

可促进复垦工程规范化实施，复垦后可提高复垦土地的经济收益。

3. 生态效益

可提高金属矿山土地复垦工程的建设质量，减小因金属矿山开采造成的土地损毁，具有明显的生态效益。

西南地区典型工矿废弃地复垦项目跟踪监测与评价

一、成果概况

主要完成人： 罗明、周旭、范彦波、周妍、陈元鹏、周际、张丽佳、李何超、赵涛、孙维、谢川、黄元仿、张世文

项目来源及编号： 2016 年国土资源部部门预算项目“土地整治实施监管与绩效考评”

项目起止时间： 2016 年 1 月—2016 年 12 月

知识产权支持及获奖情况： 发表论文 3 篇，其中 EI 论文 2 篇

二、主要成果

1. 提出了西南地区工矿废弃地复垦项目跟踪监测方案制定方法

基于多源数据，借助“3S”技术和地统计学，提出了集监测点布设方案设计、监测指标最小数据集确立、监测手段选择为一体的面向土壤、地下水、地表水、农作物的工矿废弃地复垦跟踪监测方案制定方法（图 1）。

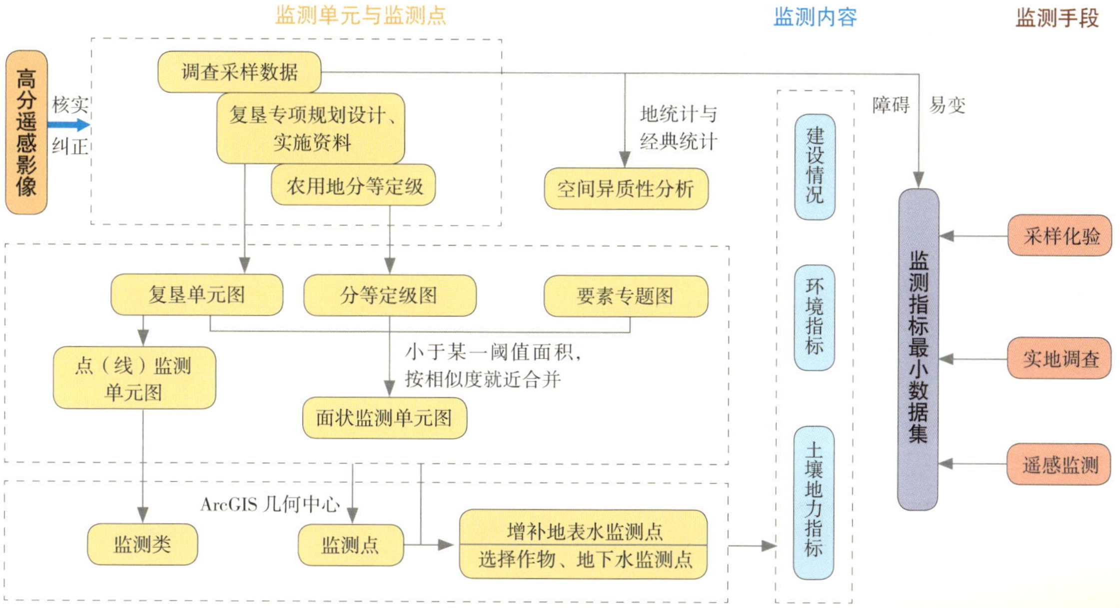

图 1　工矿废弃地复垦跟踪监测方案制定技术流程

（1）提出了跟踪监测单元划分与监测点布设方案。以复垦规划设计图中的复垦单元为基础，借助 ArcGIS 软件，叠置复垦土地质量要素专题图和复垦耕地质量等级评定图，以面状监测单元的几何中心作为监测点。点状、线状监测单元（道路、沟渠等）可直接从复垦单元图中提取。

（2）确定了西南地区工矿废弃地复垦跟踪监测内容。基于已有的调查取样数据，采用地统计学、经典统计学方法，分析复垦后土地中障碍因素和易变性。综合考虑障碍因素、易变性选择监测指标，构建涵盖工矿废弃地复垦后土地跟踪监测的最小指标集。地表水、地下水和农作物监测指标与土壤环境监测指标一致。

（3）提出了工矿废弃地复垦跟踪监测手段。土壤、地表水、地下水和农作物样品的采集、处理、贮存及测试按照《土壤检测》（NY/T 1121.1—2006）、《土地质量地球化学评估技术要求》（DD 2008—06）、《地下水监测技术规范》（HJ/T 164—2004）、《地表水和污水监测技术规范》（HJ/T 91—2002）等要求实施，建设情况通过遥感监测、实地调查等手段掌握，遥感监测按《土地利用动态遥感监测规程》（TD/T 1010—2015）执行。

2. 制定了古蔺磺厂复垦项目 2016 年复垦跟踪监测方案

研究并制定了古蔺磺厂复垦项目 2016 年复垦跟踪监测方案（图 2）。共布设 53 个监测点及

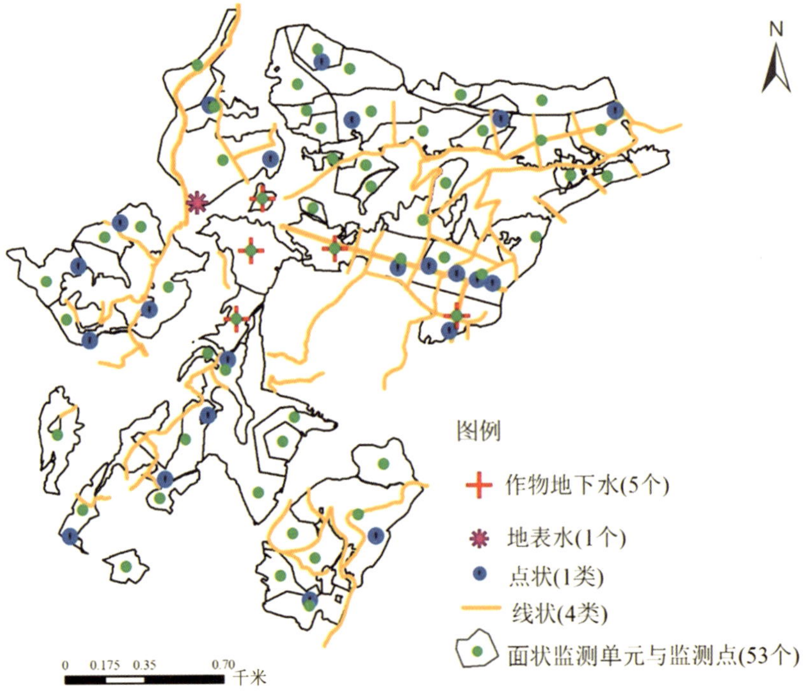

图 2　古蔺磺厂复垦项目跟踪监测方案

1类点、4类线两种监测类。研究并提出了涵盖建设、环境和肥力质量15个指标的项目复垦监测最小数据集。

与2015年相比，监测点数量下降了61.59%，监测指标减少了50%，监测点分布更加均匀，监测内容更加全面，监测成本更加节约。

3. 全面评价了古蔺磺厂复垦质量，揭示了复垦土壤质量时空演变规律及其驱动机制

采用单项污染指数法和内梅罗法进行古蔺磺厂复垦项目复垦土壤环境质量评价，采用综合指数法评价了复垦土地地力水平，并结合环境质量和地力水平，综合评估了跟踪监测复垦土地的综合质量（图3，图4）。

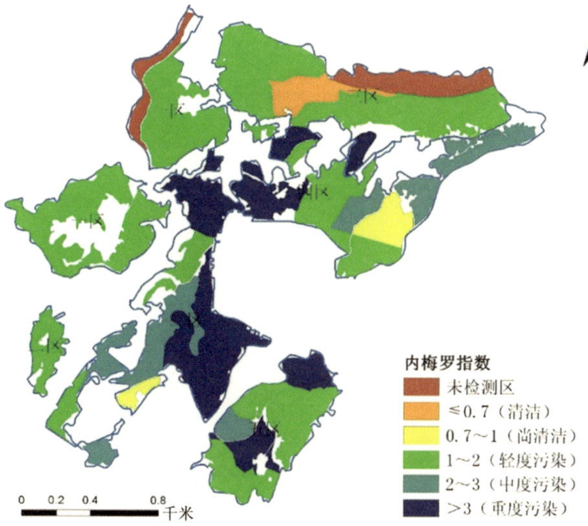

图3 古蔺磺厂复垦项目复垦土壤环境质量

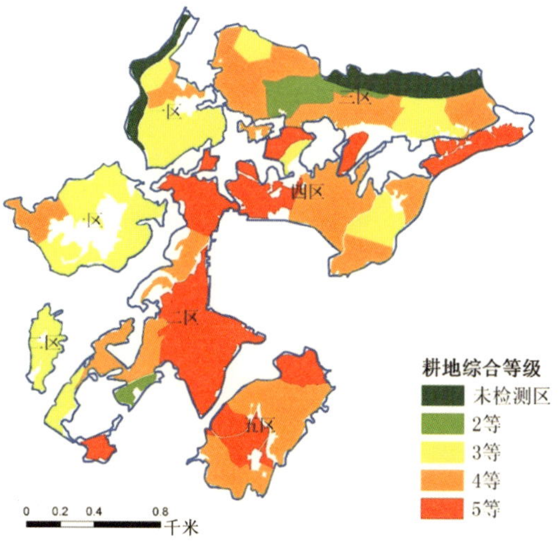

图4 古蔺磺厂复垦项目复垦耕地综合等级

与四川省土壤背景值相比，研究区土壤环境指标中的镉、铬、砷、镍、汞、硒含量分别是四川省背景值的4.29倍、2.36倍、2.16倍、2.06倍、3.40倍、4.41倍，耕地质量总体较差。4等、5等（差等和劣等）耕地面积占复垦区总面积的70.43%，主要分布于复垦二区，3等（中等）耕地面积占23.35%，2等（良好）耕地面积仅9.91公顷，无1等优质耕地分布。

2016年，各土壤重金属变异性均增大，镉变异系数高达1.04。镉、镍是研究区主要污染因子，且2016年内梅罗指数为3.05，土壤污染趋势加重。pH与有机质的变化对重金属含量的演变具有一定带动作用，建议后续监测治理过程中提高土壤pH 0~1个单位，提升有机质含量至2%左右，以达到降低重金属含量的目的。

三、创新要点

1. 融合工矿废弃地复垦特征，首次提出了工矿废弃地复垦监测方案制定方法

基于“3S”技术和地统计学，整合复垦前、中、后不同阶段，不同部门的多源数据，提出了集监测点布设方案设计、监测指标最小数据集确立、监测手段选择为一体的面向复垦区内土壤、地表水、地下水和农作物的历史遗留工矿废弃地复垦跟踪监测方案制定方法。结合实证案例，提出了该方法科学、可行的验证方案，采用变异系数和相对偏差计算样点数据，并与实际布设监测点数量对比，验证评价监测点数量是否满足要求；采用地统计学中变异函数的变程衡量监测点间距，采用全局莫兰指数验证评价监测点空间布局的合理性。

2. 通过跟踪监测，揭示了复垦土地质量及其时空演变规律和驱动机制，为后期土地复垦和管护提供依据

基于经典统计学、变异函数理论及经验贝叶斯克里格法相结合的方法，揭示了历史遗留工矿废弃地复垦土壤重金属空间分布特征（图5，图6）。

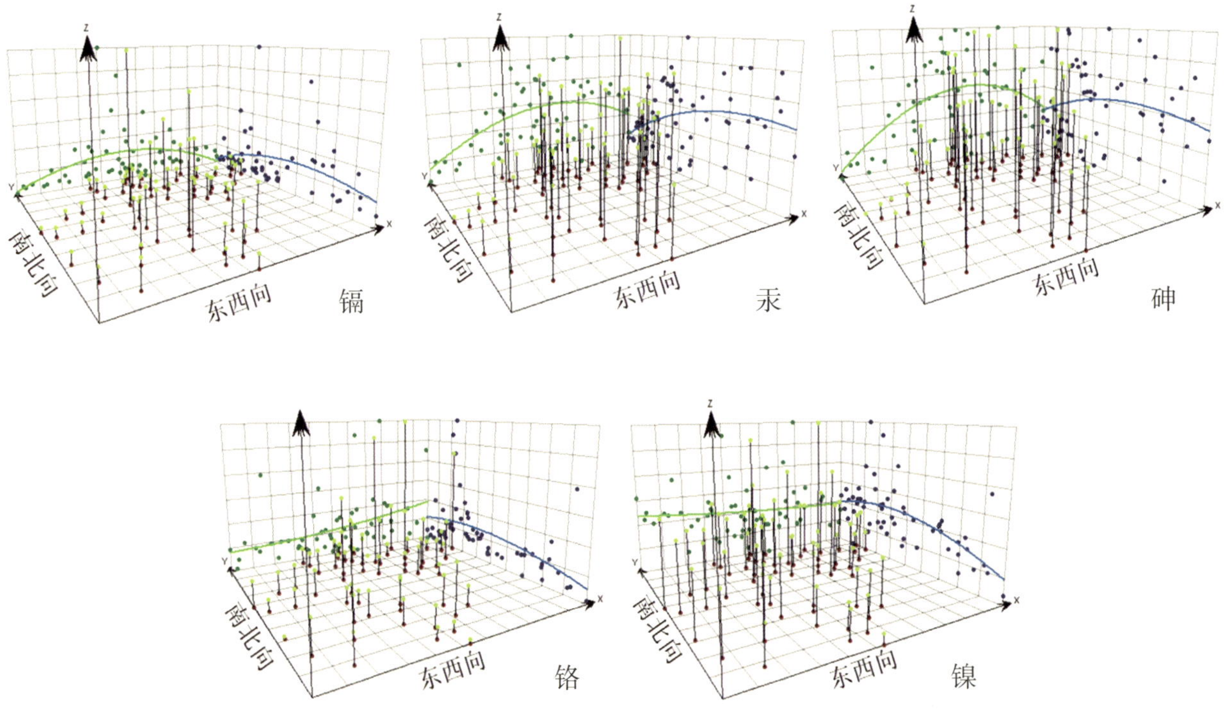

图5　古蔺磺厂复垦项目土壤重金属含量趋势分析

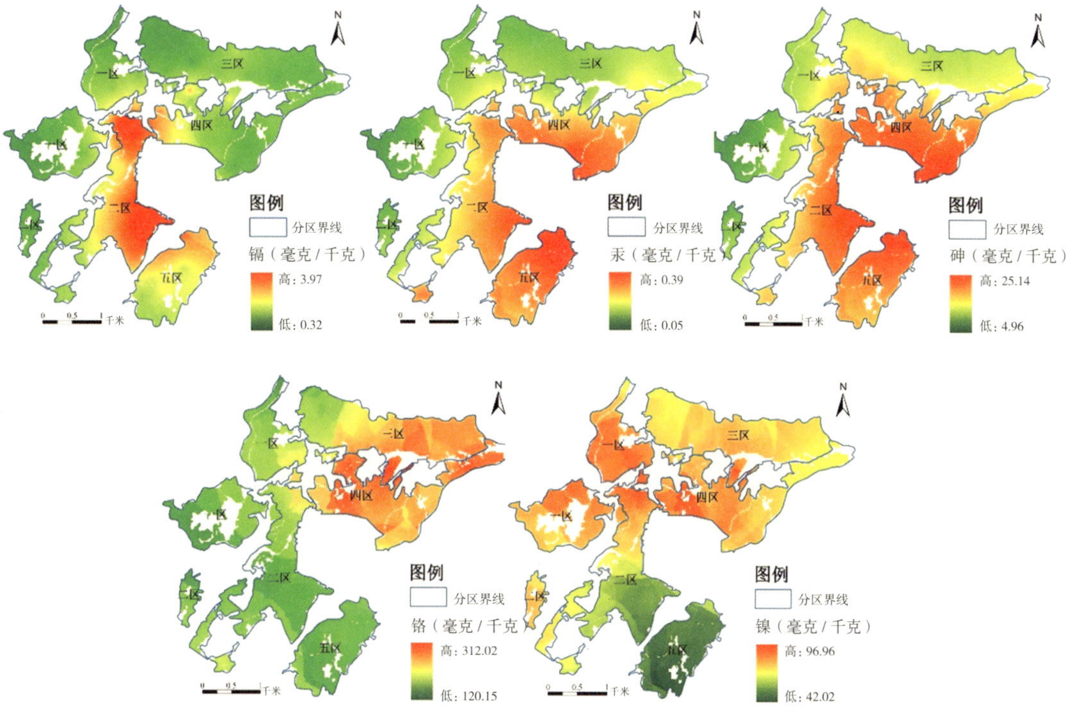

图 6　古蔺磺厂复垦区不同重金属含量空间分布

土壤中镉、汞、砷、铬、镍等重金属的变异系数均较大，这与复垦土壤无序、易变及空间均匀性和突变性统一的特征相符合。土壤重金属富集系数均在 2 以上。在复垦前污染、复垦措施和地形地貌的共同作用下，不同土壤重金属含量在全局空间分布上具有一定的相似性，在南北和东西方向基本呈现两头低、中间高的倒 U 形趋势。绝大多数复垦土壤重金属的块基比在 50%，复垦过程中覆土、培肥和土壤 pH 调节措施等随机因素在不同重金属的空间变异中占主导作用。无论是何种重金属，一区东部、二区北部、四区西部地区土壤中均呈现出较高的重金属含量；一区和二区西部、三区北部地区土壤中重金属含量相对较低。复垦为林地和草地的土壤重金属平均含量均高于耕地，对于复垦为耕地的地区，后续需进一步防控重金属污染，特别是镉元素污染；随着有效土层厚度的逐渐增加，土壤重金属含量总体呈下降趋势；随着土壤 pH 变小，复垦土壤重金属含量总体呈上升趋势。

3. 针对工矿废弃地复垦土壤重金属含量空间突变性，研发并提出了工矿废弃地复垦土壤重金属含量空间预测方法

借助于 MATLAB 和 ArcGIS 平台，基于开发的普通克里格法和多维分形克里格法实现历史遗留工矿废弃地复垦土壤重金属含量空间预测，揭示多维分形克里格法用于遗留工矿废弃地复垦土壤重金属含量空间预测的可行性和科学性（图 7）。

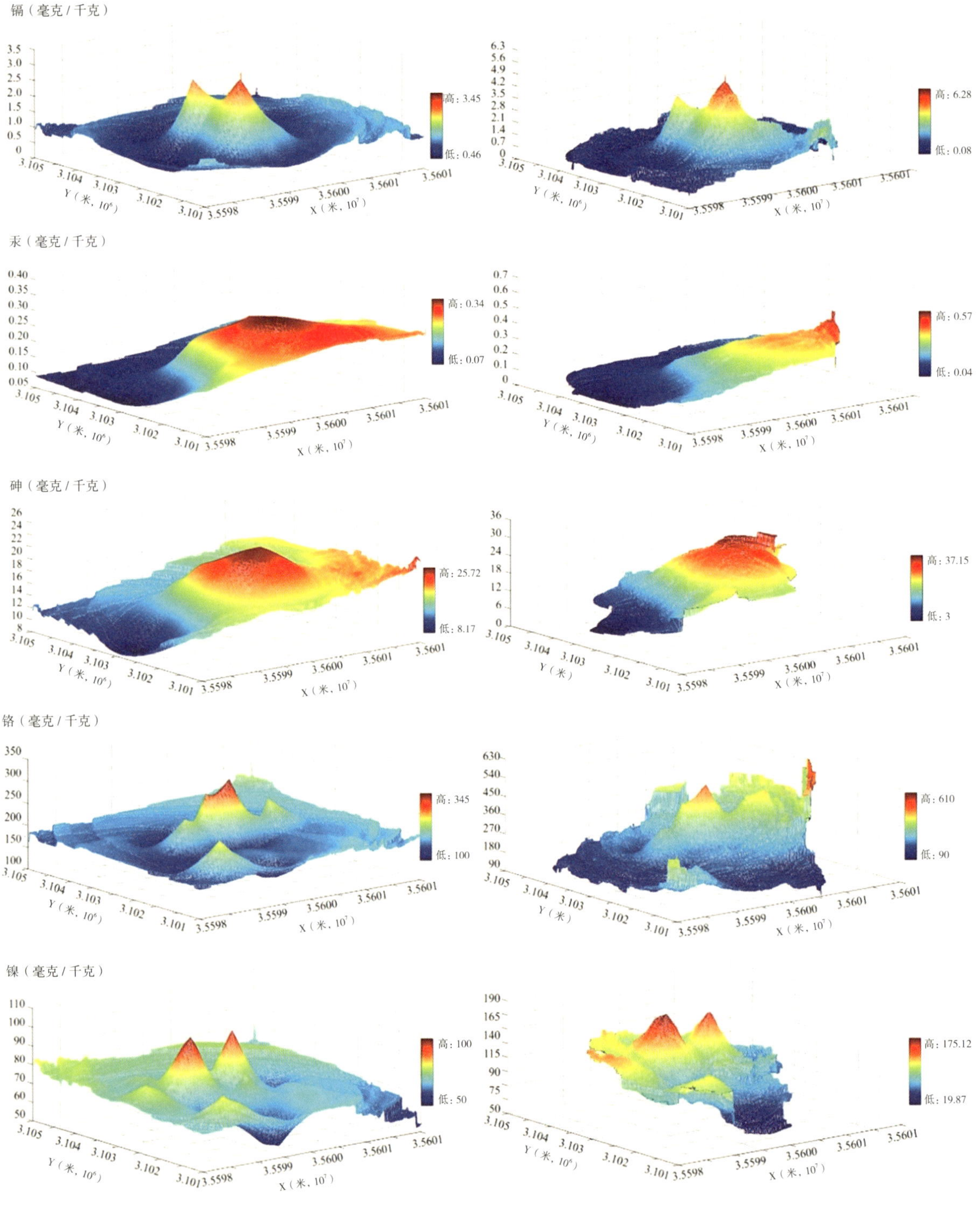

图7　古蔺磺厂复垦区不同重金属含量预测

综合考虑各种衡量参数，无论何种土壤重金属，基于多维分形克里格法的空间预测效果明显高于普通克里格法，多维分形克里格法可作为预测历史遗留工矿废弃地复垦土壤中镉、汞、砷、铬和镍等重金属含量的科学方法之一。多维分形克里格法可以突出特异值，较好地保持、再现原始数据化变量的空间结构，复垦土壤重金属分形程度越高，预测结果越准确。多维分形克里格法可以将不规则分布的时间—空间（时空）信号插值为规则分布的信号，可以提取时空信号中高频、局部与弱信号，估计过程参数可以作为特征参数用于模式识别。利用褶积滤波理论定量导出了地统计学的低通滤波特性，它在插值过程中丢失了高频、局部和弱信号。在定义了时空信号的度量尺度与测度后，实现了多维分形插值，更多地保留了系统中的高频信息。

四、成果应用

（1）研究成果为同类工矿废弃地复垦项目复垦工程的筛选提供了依据。建议研究区复垦覆土后有效土层厚度达到 100 厘米以上。通过调控 pH 来降低土壤重金属含量，需要持续将 pH 维持在一定的范围，建议研究区 pH 持续控制在 7~8 之间。

（2）通过该项目研究，从耕地质量等别提升、农产品安全保障、环境质量提升和耕地长效管护等方面开展相关工作，实现耕地的长效管护与耕地质量提升。

（3）助推相关技术标准的出台。通过跟踪监测，有助于地方政府清楚把脉复垦土地的质量，认识到目前项目复垦存在的不足之处，加快出台相关指导性文件。四川省泸州市已完成《泸州市历史遗留工矿废弃地复垦利用技术标准》（初稿）。

五、主要效益

通过科学规范跟踪监测，实时掌握监测区土壤质量和作物安全质量等，对于农产品安全和当地村民身体健康都极为有利，具有很强的社会效益；同时，跟踪监测为土地质量提升提供依据，可以促进土地资源的可持续利用，提高耕地质量等级，增加当地农民的收入，具有一定的经济效益；研究成果将进一步推动我国历史遗留工矿废弃地复垦工作开展，为历史遗留工矿废弃地复垦质量监测提供方法指导。

新增和调整预算定额子目编制与实物消耗量测定研究

一、成果概况

主要完成人：曹海欣、杨剑、赵芳、谢晖、李跃龙、卫学众、马杰、龙煌、张吟霞、胡婷

项目来源及编号：2016 年国土资源部部门预算项目“土地整治实施监管与绩效考评”

项目起止时间：2016 年 1 月—2016 年 12 月

二、主要成果

2005 年，国土资源部和财政部联合印发《土地开发整理项目预算定额标准》，填补了我国土地整理行业资金预算管理标准的空白，使土地整理行业步入预算编制有依据、预算执行有参考的有序发展轨道。但随着时间的推移和经济社会的快速发展，2005 年的《土地开发整理项目预算定额标准》在人工预算单价、项目划分、实物量消耗水平等方面逐步显示出不能完全满足土地整理实际的情况。国土资源部与财政部及时开展预算定额修订研究，于 2011 年出台了新版《土地开发整理项目预算定额标准》。国土资源部土地整治中心始终密切关注《土地开发整理项目预算定额标准》实际应用情况，根据土地整治行业发展特点和经济社会发展水平，于 2016 年设立“新增和调整预算定额子目编制与实物消耗量测定研究”课题。

“新增和调整预算定额子目编制与实物消耗量测定研究”主要以《房屋建筑与装饰工程消耗量定额》（编号 TY01-31-2015，建标〔2015〕34 号）、《市政工程消耗量定额》（编号 ZYA1-31-2015，建标〔2015〕34 号）（第 1-11 册）、《水利建筑工程预算定额》（水总〔2002〕116 号）、《湖南省水利水电建筑工程预算定额》（湘水建管〔2015〕第 130 号）、《湖南省水利水电设备安装工程预算定额》（湘水建管〔2015〕第 130 号）、《公路工程预算定额》（JTG/T B06-02-2007）、《河南省土地开发整理项目预算定额标准》（2014 年版）、《土地开发整理项目预算定额标准云南省补充预算定额》（2016 年版）这 8 套定额为基础新增和调整定额子目。通过调查研究、理论分析、

测算分析、专家咨询等方法确定了新增和调整定额子目清单，在10个章节中共新增231个子目，调整187个子目。

“新增和调整预算定额子目编制与实物消耗量测定研究”在新增和调整预算定额子目的基础上研发了定额水平测试工具软件，在软件中录入国家预算定额标准（2011版）定额、新增和调整定额子目消耗量参考的其他行业定额子目数据资料及已出台补充定额子目省份数据，形成土地整治预算定额数据库，并按照土地整治项目预算编制有关要求制作满足不同层次定额水平测试要求的不同模块。利用研发的定额水平测试工具软件，依据各行业正在使用的人工工资水平、机械台班消耗量标准及同期材料预算价格进行水平测试，除比较消耗量水平外，还比较同期单价水平。

“新增和调整预算定额子目编制与实物消耗量测定研究”利用定额水平测试工具软件，依据不同行业预算定额标准，对土地整治和高标准农田建设项目典型单体工程进行综合水平测试，评估同一单体工程、同样建设标准在不同行业工程造价水平，并对部分地区2015年典型土地整治和高标准农田建设项目进行综合水平测试。以项目为单位，考虑土地整治预算定额编制规定及人工工资单价水平，将调整和新增定额子目纳入项目整体，与2011版国家预算定额标准及部分省份正在执行的不同行业定额标准进行对比分析，测试整个项目综合造价水平。通过定额水平测试，新增和调整的预算定额子目总体能够满足实际需要，综合造价水平与实际基本相符。

三、创新要点

“新增和调整预算定额子目编制与实物消耗量测定研究”系统梳理了《土地开发整理项目预算定额标准》（2011版）中实物量消耗水平，对每一个章节、每一个子目进行逐条衡量和评估实物消耗量水平，通过理论计算法、实地调查法和比较类推法确定了新增和调整的定额子目。新增和调整的预算定额子目对原有定额的科学性和合理性做了有力补充。

新增定额子目消耗量的确定具有一定创新：一是对原定额步距不合理需要增加外延的，主要通过比较2011版定额子目消耗量之间的关系，采用理论计算法及实地调查法确定相关实物消耗量；二是对缺少的常见定额子目，在类似行业定额中可以找到参考依据的，通过分析类似定额与土地整治定额消耗量之间的关系，按照比较类推法确定新增定额子目消耗量；三是对土地整治行业特有的、无法在其他类似行业定额中找到参考依据的，通过现场调研和技术测定，在收集充足的样本数据的基础上，通过统计分析法确定定额子目消耗量。

四、成果应用

"新增和调整预算定额子目编制与实物消耗量测定研究"是《土地开发整理项目预算定额标准》第二轮修订研究中的重要组成部分，为《土地开发整理项目预算定额标准》第二轮修订提供了重要的数据支撑和理论基础。

目前，《土地开发整理项目预算定额标准》第二轮修订工作尚未完成，"新增和调整预算定额子目编制与实物消耗量测定研究"成果还未得到实际应用。《土地开发整理项目预算定额标准》是高标准农田建设标准体系的重要组成部分，为国家开展中央资金支持的土地整治重大工程相关审核工作及安排高标准农田建设补助资金提供决策依据；为相关设计单位合理确定各级土地整治规划、高标准农田示范县建设方案等建设的投资规模，编制投资预算提供依据；为各级财政、国土资源部门宏观控制投资目标，审查核定土地整治项目及高标准农田建设的投资决策提供依据；为各地开展土地整治"以奖促建""以补代投"试点工作，合理确定奖励或补助资金额度提供参考。

五、主要效益

"新增和调整预算定额子目编制与实物消耗量测定研究"通过对国家预算定额标准工程实物量定额调整进行研究，可以提升土地整治资金预算管理水平，有助于提高土地整治项目预算编制的合理性，可以不断加强投资管理的科学性和合理性，进一步提高资金使用效率。

商贸汉语系列教材
Business Chinese Series

GLIMPSE INTO CHINESE CULTURE

中国文化读本

覃俏丽 著

华语教学出版社
Sinolingua

First Edition 2017
Fourth Printing 2023

ISBN 978-7-80200-978-3

Published by Sinolingua Co., Ltd
24 Baiwanzhuang Street, Beijing 100037, China
Tel: (86)10-68320585 68997826
Fax: (86)10-68997826 68326333
http://www.sinolingua.com.cn
E-mail: hyjx@sinolingua.com.cn
Facebook: www.facebook.com/sinolingua
Printed by Beijing Hucais Culture Communication Co., Ltd

Printed in the People's Republic of China